英語指導における
効果的な誤り訂正

第二言語習得研究の見地から

白畑知彦 著

Who's afraid of grammatical errors?

大修館書店

はじめに

　大抵の教師は生徒が誤りをすれば直そうとする。それが教師の役割だと思っている。誤っている箇所を指摘し，一刻も早くその誤りから脱却してほしいと願う。学習者は指摘された誤りに気づき，それ以降同じ誤りをしなくなることもある。しかし，一方で，「直しても直しても，誤りが減らない」「同じ文法を1か月間も教え続けたのに，まだ間違える生徒がいる」という落胆や不満が教師側から聞こえてくる時もある。学習者側からも「また同じ誤りをしてしまった」という嘆きを聞くこともある。どうも，学習者の犯す誤りには，教師が指摘すれば（比較的容易に）修正が可能なものと，何度指摘してもなかなか修正できないものがあるようだ。

　そこで，本書では，学習者のどのような誤りに対して，明示的指導（explicit instruction）や誤り訂正（error correction）の効果があるのか，あるいはないのかについて考察することにした。すなわち，主に大学生を調査対象者として，筆者がこれまでに関与し実施してきた，日本語を母語として教室環境で英語を学習する学習者（本書では，便宜上「日本人英語学習者」と記述する場合もある）への明示的指導，そして誤り訂正の効果検証の実験結果をまとめたものが本書である。さらに，これらの実験結果に基づき，そういった指導の有効性について仮説を立て，その仮説に基づき，具体的にどのような文法項目に対してどのような教え方をするのが相応しいのか私案を提案したい。

　学習者はなぜ誤りを犯すのか。いろいろな状況や理由があるだろう。まず，当該文法の規則が知識として頭の中に入っていないから誤りを犯

す，という可能性である。つまり，知識がないから間違えるということである。次に，すでに学習し，知識としては頭の中に入っている文法規則であるが，話したり書いたりするパフォーマンスの際の言語産出過程で何らかの障害が起こり，正しい形式で産出できなくなり，間違えてしまう，という可能性である。つまり，知識はあるが表出の際に間違えるということである。

　本書ではまた，明示的指導や修正フィードバックの効果が，第二言語学習者の習熟度によって差が生じるのかどうかについても突き止めていきたい。そして，結論的には，日本人英語学習者にとって，明示的指導が効果的な項目と効果的ではない項目があること，そしてそれは学習者の習熟度によっても左右されることを明らかにする。

　本書では，「明示的に教える／学習する」という意味を，「教師がある特定の項目を学習者に直接説明して教え，学習者側もその項目に焦点を当て，意識的に学習する」という意味で使用する。また，「修正フィードバック（corrective feedback）を与える／否定証拠（negative evidence）を与える」とは，「教師が学習者の誤りを指摘し，正しい形を示す」ことを指すのに使用する。つまり，誤りを指摘するのみにとどまらず，「正しい形を示す」ところまでを含める指導を指す。正確に言えば，「正しい形を示す」のは「肯定証拠（positive evidence）を与える」ことを意味する。しかし，実際のところ，否定証拠を与える際，多くの指導で自動的に肯定証拠も与えているため，ここに含めることにした。

　「文法を説明し，誤りを指摘する指導はこれまでに数限りなくやってきた。なんら目新しい指導ではない」「そして，そういった教え方をしてきたからこそ日本人は英語が使えるようにならなかったのではないか」と言われる中学校，高等学校，そして大学の先生方がいらっしゃるかもしれない。さらに，「今さら大学生に英文法を明示的に教える必要があるのか。彼らはすでにほとんどの英文法を知っているはずである」

「間違ってもよいから話そうとする，書こうとする学習者を養成すべきなのである。だから，もっとコミュニケーション活動主体の授業をすべきだ」という先生方もいらっしゃるかもしれない。

しかし，大学で英語を教える立場からすると，中高の先生方には意外に思われるかもしれない（逆に，首肯されるかもしれない）が，現在の大学生の多くが英文法を知らない。これが現実である。英文法を知らなくても，現在行われている小学校外国語活動では問題ないが，大学レベルではコミュニケーション活動をする際に支障をきたす。話す中身が高度になっているからだ。

「英語で積極的にコミュニケーションを図ろうとする学習者（日本人）の養成」と「正確に英文が読め，書けるようになる学習者の養成」とは相反するものではない。小，中，高，大学と学年が上がるにつれて，「間違いを恐れず英語を使用すること」に加えて，「言いたいことをできるだけ正確に表現できるようになる」ことが，成人英語学習者として重要になってくる。また，英文法を明示的に教えたからといって，それがコミュニケーション活動を軽視していることにはつながらない。1時間の授業中，ずっと英文法の指導をしているわけではないからだ。

前述したように，ここで使用する「英文法を知らない」という表現には2つの含意がある。1つ目は，当該の英文法について，頭の中に知識としては持っているが，実際の使用場面では間違えてしまう，という意味である。2つ目は，その文法項目についての知識そのものが欠如している，という意味である。中学校，高等学校と，「あれほどまでに」英文法を習ったはずなのに，大学生になってもまだ知らない文法規則があるのか，と思われる方もいらっしゃるかもしれないが，「よく知らない文法規則がいっぱいある」というのが筆者の返答である。曖昧である文法規則を含めるとかなりある。例として，本書第2部で扱うが，「英語の自動詞・他動詞の相違」なども，大学生が「ほとんど知らない文法規則」の1つである。さらに，前述した1つ目の意味である，「知識としては知っていても適切に使用できる状態には到達していない」という文

法規則も数多くある。たとえば三単現 -s や動詞の過去形変化などである。

　学習者に明示的に英文法を教えても効果がないという意見と，逆に役に立つという意見がある。どちらが本当なのか。このことを考える前に，筆者は，日本の状況のように，外国語環境で英語などの外国語を学習する場合，「目や耳から入る言語インプットだけで自然に身につけていく文法規則」というものはほとんど存在しない，そして，意識的に学習した知識は自動化して使える知識になり得る，とする立場を取る。つまり，図1に示すように，教師が明示的指導を施すことで，その規則に対する「意識的気づき」(noticing) が生まれる。そして，気づくことから「意識的理解」(comprehension) につながる。つまり，頭で「知っている」という状態になる。次に，適切な使用文脈の中で練習する（タスク活動をする）ことにより，当該規則を「内在化」(internalization) することができるようになる。さらに練習を重ねることで，徐々に意識しないで「自動化」(automatization) できる段階に達すると考えている。

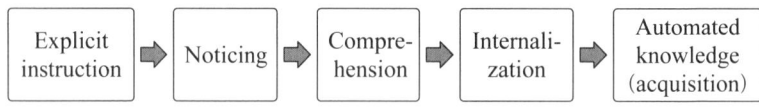

図1．明示的指導の役割に焦点化した第二言語習得モデル
Kondo & Shirahata（2015）より引用

　中学校，高等学校での英語の授業の冒頭部分でよく行われる「口頭導入」(oral introduction) 場面で，教師が新しい文法項目を文脈の中で実際に使用し，学習者に当該文法規則の表す意味や構造を推測させる活動（いわゆる，帰納的導入方法）はもちろん良い方法である。しかし，その後で「まとめ」として当該規則について整理する時間が教室場面では必ず必要である。そのような「まとめ」の時間を作らなければ，学習

者は新しく学んだ規則を整理できないままになる。加えて，年齢が上がり，認知能力が高くなってきている学習者には，なぜそうなるのか分かりやすく説明する方が有益だとも考える。学習者もその方が納得するだろう。課題点は，その明示的指導のやり方である。つまり，文法の教え方，である。

　明示的に教えることは必要であるが，「完全に使えるようになるまで同一文法項目を教え続ける，練習し続ける」のは避けるべきである。有意味文脈の中で練習をしながら，そして誤りを繰り返しながら，徐々に正確に使えるようになっていくのが言語習得のメカニズムだからである。そして，しばらくした後で，折を見て以前学習した文法をもう一度説明してあげるのがよい。「一度教えた文法項目は完全に知っているものだ」と教師が思い込むことは大変危険である。この観点からも，外国語学習は復習が大事である。

　もちろん，母語を獲得する子どもや第二言語習得環境で生活する子ども（例：日本人の子どもがアメリカの現地校に通うことで英語を習得していく場合）のように，当該文法について受けるインプットが大量にあり，人間が持つ本来の言語習得能力を十分発揮できる環境にいれば別である。しかし，外国語学習環境にいて，ある程度の年齢以上に達している学習者の場合，大部分の文法項目において，無意識に習得が起こることは滅多に起こらない。その最大の理由は，無意識に，帰納的に規則を推測できるほどにはインプット量は多くなく，同様に，第二言語における自己の仮説を検証できるほどには当該規則を使用する機会に恵まれていないからである。よって，第二言語習得環境と外国語学習環境の2つの学習環境を同一に考えてはいけない。（ただし，代名詞が誰を指すことができるか，または指せないかを規定する束縛原理（Binding Principles）や，Wh疑問文の移動制約（Wh-movement constraints）など，普遍文法（Universal Grammar, UG）の原理に関わる規則についてはその例外である。このような原理から導かれる個別言語の文法規則は，外国語学習環境での学習者の場合であってさえも，他者から教えてもらわなくても理解できるよう

になる学習者も多くいる。詳しくは White（2003），若林・白畑・坂内（2006），吉村・中山（2010）等を参照されたい。）

　このように書くと，「教室内でも大量のインプットを与えるような環境を作ればよい」と反論する研究者もいる。しかし，それは首肯しかねる。そもそも，まずインプット量が多くないために私たちは外国語学習に苦労しているわけで，「教室での言語の使用機会をできるだけ増やそう」と提唱しても，最大でも，50分授業が週に5〜6回，学校外ではほとんど使用する機会がない状況では，英語のインプット量には限界がある。そのような限界を認めたうえで，どのように英語を効率的に身につけさせるのかを考えなければならないのである。それには，「明示的に文法を教える指導」「誤りを明示的に指摘する方法」が有効であると筆者は考える。

　近年のコミュニカティブ重視の英語教育では，とかく文法指導は批判されがちである。しかし，文法を明示的に教えてきたから日本人が英語を話せなかったのではない。話す練習を十分にしてこなかったから話せるようにならなかったのである。文法を知識として持つことは大事である。しかし，文法教育をそこで終わらせるのではなく，その後に使えるようになる練習を引き続いて行う必要があった。学習者に当該文法を使用する適切な文脈を与え，練習する活動があまりにも少なすぎたのである。それでは，英文法について知識として持っている段階で足踏みし，話せるようにはならないし，書けるようにもならない。実際，学校時代に英文法の知識をしっかりと身につけた日本人のビジネスマンが海外赴任をすると口頭で英語を使用できるようになるのが早いというエピソードはよく耳にする。

　本書で紹介する調査・実験への参加者の大半は大学生である。しかも，意図的に大学1年生を調査対象者とした。その理由の1つには，筆者が大学教員であるため，実験参加者として大学生は身近にいて頼みやすい存在であるということもある。しかし，それよりも重要なことは，

大学生，特に大学1年生の英語能力は「中学・高校での英語教育の最終結果」であるという事実である。彼らの英語能力を調べれば，6年間でどのような項目がどの程度身についているのかが一目瞭然に分かる。また，どのような英語教育が現在日本で行われているのかも分かる。そして，3つ目に，大学は中高6年間の英語学習で不足している知識や能力を補足できる最後の場所であることがあげられる。ここに大学英語教育の意義がある。(併せて，長谷川 (2015)，綾野 (2015)，桒原 (2015) 等も読まれたい。)

以上の論考をまとめれば，大学生に英文法を改めて明示的に教えることには2つの大きな意義がある。

(1) 自分の知っていること，知らないこと，使用できること，知っていても使用できないことなど，英文法規則を再確認させ，新たな「気づき」を促すこと。
(2) これまでに未知であった，または曖昧であった文法規則を，ここから学習できること。

最後に，本書の構成を簡単に述べておきたい。本書は2部構成になっており，「第1部」は，言語習得におけるこれまでの明示的指導にともなう誤り訂正の研究について，歴史的にその流れを鳥瞰する。最初の章では母語獲得での誤り訂正について解説し，次章では外国語学習の場合の誤り訂正について歴史的に概観する。「第2部」では，2008年以降，筆者が実験者として関わってきた明示的指導，誤り訂正の効果検証についての一連の実験を紹介していく。第2部の最終章は，すべての実験結果のまとめと，それに基づく提言の章となる。

英語指導における効果的な誤り訂正──第二言語習得研究の見地から

目次

はじめに　iii

◆第1部◆
言語習得における「誤り訂正」研究　3

1章　母語獲得の場合の誤り訂正 …… 4

2章　第二言語習得の場合の誤り訂正 …… 9

◆第2部◆
「誤り訂正」研究データからの仮説と学校現場への応用　23

1章　主語に関する明示的指導の効果 …… 24

2章　文法形態素に関する明示的指導の効果 …… 44

3章　自動詞と他動詞の区別に関する明示的指導の効果
　　　　　　　　　　　　　　　　　　　…… 58

4章　名詞の単数形・複数形に関する明示的指導の効果
　　　　　　　　　　　　　　　　　　　…… 80

5章　比較表現に関する明示的指導の効果 …… 98

6章　前置詞に関する明示的指導の効果 …… 116

7章　接続詞に関する明示的指導の効果 …… 128

8章　語彙に関する明示的指導の効果 …… 140

9章　学習者の誤りを一度に複数種類修正する効果
　　　　　　　　　　　　　　　　　　　…… 155

10章　仮説に基づく指導への応用 …… 176

あとがき　　202
引用文献　　204
索引　　213

英語指導における効果的な誤り訂正

第二言語習得研究の見地から

第 1 部

言語習得における 「誤り訂正」研究

　第 1 部では，今までの言語習得研究における明示的誤り訂正についての研究と，そこから得られた知見を，母語獲得の場合と第二言語習得の場合とに分けて紹介する。まず第 1 章で母語獲得における誤り訂正研究の歴史と，そこから分かってきている知見について紹介する。続く第 2 章では，第二言語習得における誤り訂正研究の歴史について概説する。

第1章
母語獲得の場合の誤り訂正

1. 母語獲得の概要

　1960年代後半からの母語獲得（first language acquisition）の研究成果により，幼児は，ある一定の獲得の道筋に従って体系的に母語の文法を獲得していくことが明らかになってきた[1]。文法獲得には固定した道筋があるという事実は，当時の言語獲得の研究分野において画期的な発見であった。それはつまり，それまでの行動主義心理学に基づく言語獲得観とは180度異なり，同一の言語圏内に生まれれば，民族，宗教，貧富の差，性格などの個人差に影響されることなく，どの幼児もきわめて類似した過程をたどって母語の文法を獲得していくことが明らかになったのである[2]。

　人間には文法に関わる諸特性を理解し，使用できるようになる能力が生得的にプログラミングされ，その指示に従って順序どおりに文法獲得を行っているという仮説が立てられている。この言語獲得プログラムに

---

[1] Brown (1973), Radford (1990), 大津 (1989, 1999, 2002), Pinker (1999), 池内 (2002), 鈴木・白畑 (2012) 等を参照されたい。なお，本書での用語の使い方であるが，first language acquisition を「母語獲得」，second language acquisition を「第二言語習得」と日本語表記する。そして，教室場面での学習を強調したい時は第二言語習得ではなく，外国語学習という用語を使用する。

[2] 生成文法的言語獲得観よりも以前に隆盛を極めていた行動主義心理学理論に基づく言語獲得観では，生得的な言語獲得能力は仮定していなかった。生まれてきた乳児は言語についてまったく何も知らない白紙の状態から言語を獲得していくと考えた。したがって，言語獲得とは，乳幼児が周囲の大人の発した表現を真似して，それを覚えていく行為であると考えた。また，本章で使用する「習得過程／習得順序」の意味は，「異なる文法項目を正しく使用できるようになる順番」のことを指している。たとえば，異なる文法項目（例：AとB）のうち，幼児がどちらをある一定の基準以上に正しく使用できるようになるかという順番のことである。ある特定の文法項目がどのような過程をたどって正しく使用できるようになるかという意味では使用していない。その意味では「発達過程／発達順序」という用語を本稿では使用している。

沿って，私たちはみな類似した過程をたどり，周囲で話されている言語の文法を獲得していくのである[3]。言語を獲得可能にする能力のことを「普遍文法」(Universal Grammar, UG) と呼ぶ。この言語獲得の過程を簡潔に図式化すると，(1) のようになる。

(1) UG 理論に基づく母語の言語獲得モデル

| 第一次資料（言語インプット） | ⇨ | UG | ⇨ | 個別言語の文法 |

2. 母語獲得における否定証拠の利用

　言語獲得をする際に，幼児は否定証拠をほとんど使用せず，基本的に肯定証拠のみで文法を獲得していくことが明らかになっている。肯定証拠とは，学習者が，ある文法形式は適格であるという情報を取り込んで，それを文法獲得の証拠として用いた時の情報のことをいう[4]。したがって，学習者が他者の発話から「このように言う」という文法規則についての情報を得るような場合，学習者は肯定証拠を利用している，と言う。一方，否定証拠とは，「はじめに」でも説明したが，ある文法形式が不適格であるという情報を取り込んで，それを文法獲得のための証拠として用いた時の情報を指す。すなわち，「こうは言わない」という情報が，言語獲得に結びつく場合，学習者は否定証拠を言語獲得に取り込んでいると考える。

　なぜ幼児の言語獲得において否定証拠は利用されないか考えてみたい。まず，幼児自身が文法的正確さ，つまり，自分の話すことばを文法的に正しく使用したい，という気持ちをそれほど強くは持っていないと推測できるのではないだろうか。その好例を以下にあげる。これらの例に登場する日本語を獲得中の幼児の年齢は，(2) は 3 歳 11 か月，(3)

---

[3] 本章で使用する「獲得」とは基本的に文法獲得のことであり，例えば，音声／音韻の獲得などは考察の対象外としている。
[4] Cook & Newson (1997)，若林・白畑・坂内 (2006)，白畑 (2006)，鈴木・白畑 (2012)

は2歳4か月である[5]。

(2) 子：おとうちゃん，まどあいて。
　　父：まどあけて，だろ。
　　子：うん，まどあいてよ。
　　父：まどあけて，だよ。
　　子：いいから，まどあいてよ。おとうちゃん。

(3) 子：あかいのぶーぶ，とって。
　　母：ケンちゃん，あかいのぶーぶ，じゃなくて，あかいぶーぶ，だよ。はい，どうぞ。
　　子：うん。
　　（1時間後）
　　子：かっか，あかいのぶーぶ，ちょうだい。
　　母：ケンちゃん，あかいのぶーぶじゃなくて，あかいぶーぶ。
　　（さらに1時間後）
　　子：かっか，あかいのぶーぶとあおいのぶーぶとって。

　どちらの幼児も，自分の発話の文法性に興味がないことが読み取れる。実際，たとえ幼児の誤りを訂正しても，その訂正が無視されてしまうことが数多くの研究者の観察により明らかにされている[6]。また，大人から指摘を受けても，幼児はなぜそのように言ってはいけないのかが理解できていない可能性も大である。
　母語獲得において否定証拠が使用されない別の理由として，周囲の大

---

[5] (2) は大津（2002, p.185）より引用。(3) は筆者の観察記録より引用した。当時，この幼児は「ぶーぶ」はおもちゃの自動車，「かっか」は「お母さん」のことを指すのに使用している。
[6] 母語獲得における誤りの訂正についての考察は，大津（1989），鈴木・白畑（2012）（の第I部）を参照されたい。

人の態度があげられる。幼児が交わる周囲の大人たちの中で,言語学やことばに特別な関心を持っている人は少ない。より正確には,世の中に暮らすほとんどの人間が言語学者（または,ことばの使い方に非常に関心のある人）ではないため,幼児のことばの使い方には興味がない。子どもが自分たちに伝えようとする意味内容が理解できればそれでよいのである。理解できない時は「明確化の要求」(clarification request) をし,「はい」か「いいえ」で答えさせるのが一般的である[7]。小さな子どもは,すべてにおいて未熟なのであり,ことばも例外ではなく未熟であると無意識に思っている親も多い。

　以上の理由により,幼児は母語獲得において否定証拠を利用しないと考えられている。幼児は,話し始めた後,ある時期から勝手にいろいろな誤りを犯し始め,しばらくの間同じ誤りを繰り返し,その後,誰からも訂正されることなく,いつの間にか誤りを犯さなくなり,最終的には大人と同じ言語知識・言語運用能力を身につけることができるようになるのである。

　これが母語獲得における誤りの出現と消失の大まかな過程である。整理すれば,母語獲得では外部（周囲の大人）からの誤りへの訂正,つまり否定証拠を利用せず,言語インプット（肯定証拠）のみで母語の文法を獲得していく,ということである。

3. 母語獲得と外国語学習の相違

　母語獲得でも外国語学習でも,言語を学習するのは我々人間（の脳）であり,そして学習対象とする言語は人工言語ではなく自然言語である。その点で両者の学習条件はまったく同じである。しかし,相違もいくつか見られる。まず,母語獲得の場合と違い,外国語学習の場合,我々

---

[7]「明確化の要求」とは,相手の発話が不明確であったり,聞こえなくて理解できなかったりする場合に,相手に発言を明確にするよう要求することを言う。母語獲得では,「ご飯食べたいの?」とか「おしっこしたいの?」といった感じの Yes/No 疑問文を発することで幼児の発話の曖昧さや不明瞭さを補っている。

はすでに最低でも1つ言語（母語）を獲得している状態にいるということである。そして，その獲得している母語を使用して，抽象的に物事について考えられる状態になっており，一般認知能力や分析能力が高い状態にいる。母語（言語）を獲得したおかげで，抽象的なことを考え，まとめることができるようになり認知能力も発達したのである。

　また，母語を獲得する際は，否が応でも毎日その言語に接することになるが，外国語学習では大量のインプットを毎日は受けない場合の方が多い。学習を避けて通ろうと思えば自分の意思で避けて通ることもできる。そして，外国語学習では通常，教師に習い，教科書を使用して，新しい学習項目を，常識的に見て平易な項目であろうと考えられているものから順次習っていく。

　一方，母語獲得ではそのような学習の順番は決められておらず，複雑な文法構造が周囲の大人たちの発話に含まれていようといまいと，彼らから大量のインプットを毎日受け続け，そのインプットのみを利用して，数年間という比較的短期間で，母語（の文法の大部分）を獲得していってしまうのである。しかし，外国語学習環境から見れば，「大量」だと考えられる母語獲得時のインプット量であるが，それにもかかわらずすべての場合を網羅するほどには「十分ではない」とも言われているのである。このインプットの不十分さのことを「刺激の貧困」(the poverty of the stimulus) と呼ぶ。

　本章の主旨をまとめると次のようになる。UG 理論に基づけば，母語獲得では，生得的に備わっている言語獲得能力である UG と，周囲の大人が話している言語を聞くことで，誤りを犯しながらも，4〜5年という比較的短期間で文法の大半を獲得してしまう。その過程では周囲の大人たちは，たとえ幼児が文法的に誤った言い方をしていようとも，誤りを指摘し直そうとはしない。しかし，それでも母語は適切に獲得されていく。つまり，母語獲得では大人からの誤り訂正は利用されていないのである。

第2章
第二言語習得の場合の誤り訂正

1. 第二言語習得の特性

　第二言語習得においても母語獲得と同様に習得過程に一定の規則性があることが判明してきている。そして，第二言語の文法習得過程には，どの学習者であれ，少なくとも次の5つの特性があると言われている[1]。

1. 学習者の母語からの転移（正の転移と負の転移）が起こる。
2. 異なる背景を持つ学習者間でも類似した習得段階や発達段階を示す。
3. どの学習者も体系的に習得が進んでいく。
4. 一方で，学習者間での相違点（変異性）も認められる。
5. 多くの学習者が当該言語の母語話者の言語能力と同程度までには到達できない。

　これらを簡単に要約すれば，第二言語習得では母語の影響を受けるし，習得が不完全で終わる場合も多いが，各学習者が各自の流儀で勝手に習得が進んでいくわけではなく，母語からの転移があるため，母語獲得の場合とその習得順序がまったく一緒にはならないが，やはり一定の順序に沿って文法習得が進んでいく，ということである。もしそうであるならば，教師が明示的に誤りを訂正する指導は，学習者の文法習得にどういった影響を与えるのであろうか。それは，上記の5つの仮説に反して，一定の決まった習得順序，つまり「自然な習得順序」（natural

---

[1] Towell & Hawkins（1994），若林・白畑・坂内（2006），White（2003）

acquisition order）を変える力まであるのだろうか。これまでの先行研究結果には，大きく2つの主張があり，明示的指導は自然な習得順序まで変える力はないが，効果的な方法であり，学習者の習熟度を全体的に引き上げる力はあるという主張と，学習者の記憶や意識が新鮮な間だけは効果があるが，結局は長続きしないという主張がある[2]。

　また別の観点から論じれば，自然な習得順序仮説はどの程度「強い」仮説なのか，ということにもなる。つまり，すべての文法項目に当てはまるほど強い仮説なのか，それとも文法項目の一部にだけ当てはまる仮説であるのか。もし，後者であるなら，自然な習得順序仮説が適応されない文法項目は，教えれば教えるほど習熟度が上がっていく可能性もある。どの主張が正しいか，本書で考察していきたい。

2. 日本の教室環境での英語能力向上支援

　本書で対象にしている「英語学習者」とは，学校以外の場所ではほとんど英語が話されていない環境で英語を学習する日本に住む若者のことを指している。この学習環境には次のような特色がある。

1. 教室で教科書を使用し，文法項目をそこに載せられている順番に習っていく。
2. 中学校，高等学校の場合，新たな文法項目を次々に習わなければならない。
3. 教師の指導を受けながら勉強していく。
4. 教師は1名で，大抵は英語の非母語話者である。
5. 授業時間数は限られている。

---

[2] 詳しくはBitchener & Ferris (2012), Bitchener & Knoch (2009, 2010a, 2010b), Ferris (1999, 2012), Ferris, Hsiang, Sinha, & Senna (2013), Ferris & Roberts (2001), Lyster & Ranta (1997), Lyster & Mori (2006), Sheen (2010), Storch (2010), Suh (2010), Truscott (1996, 1998, 2001, 2004, 2007), Truscott & Hsu (2008), van Beuningen, de Jong, & Kuiken (2012) 等を参照されたい。

6．1クラスの生徒数が多いため，教師から一対一で教えられるチャンスは少ない。
7．同一の教室にいる学習者であっても習熟度に違いがあるため，自分に合ったペースで学習が進むとは限らない。
8．教室外で英語を使用する機会が少ない。

　筆者は，このような学習環境下での英語学習支援に，明示的指導や修正フィードバックが効果的であると考えている。外国語環境下での学習者にとって，やはり最大のハンディキャップは，当該外国語との接触量が少ないことである。第二言語習得において，自分の誤りに無意識のうちに気づき，自ら修正していくためには，言語を実際に使用する場面と相応のインプット量が必要である。
　絶対的インプット量の少なさを補うため，日本の教室環境では，少ない学習時間を有効利用しなければならない。それには，大人の持つ特性を活かす方法が考えられる。大人の学習者には以下にあげる特色がある。

・母語の知識を持っている。
・その母語を利用して，自分の感情や考えを言語化できるほど，認知能力や分析能力が高い。

　大人の高い認知能力や分析能力を活用し，第二言語の規則を簡潔に，明示的に説明する方法が有効だと考える。その際に，母語と対照して教えることも大人の学習者には有効な手段だと思う。母語と第二言語間の類似点と相違点が浮き彫りにされて，特色がよく分かるからである。加えて，指導の際に，「このように言ってはいけない」という明示的修正フィードバックを与えることは，自分の使用した言い方がなぜ誤っていたのかを自覚する早道になる。

3. 自然な習得順序仮説と誤りの訂正

　自然な習得順序仮説についてもう少し考察を加えたい。過去の多くの先行研究において，この説を裏付ける実証データが提出されてきたことは確かである[3]。もしこの仮説が妥当性の高いものであるならば，学習者にとって習得が難しい項目は，教師が早くから教えても，そして何度も教科書に出てきたとしても，いつまでも難しいということになる。そして，その逆もまた真ということになる。

　一方で，もし，教師が教えれば（または，学習者が習えば），その時点でどんな文法項目でも困難を伴わずに習得できるのであれば，自然な習得の道筋や自然な難易度順序というものは存在しないことになる。どんな順番で教えても，どの学習段階で導入しても，当該項目を教えれば覚えるということになるからだ。また，万が一誤りを犯しても，そこからの改善はきわめて簡単にできるということにもなる。このようなことは事実だろうか。本書では実験によって調べることになる。

　一定の習得の道筋が存在する一方で，学習者の母語からの影響はさまざまな形で現れることもまた事実である。その結果，表面的には変異性があるように見える習得過程がある[4]。例えば，英語を第二言語として習得する学習者は皆，初期段階で否定要素を動詞の前に置く，(1)で示すような発達段階を経験することが広く知られている。

(1) a. *I no like apple.
　　b. *No go.

　中でも，スペイン語を母語とする英語学習者は，この発達段階に留まっている期間が他の母語話者よりも長いことが報告されている[5]。そ

---

[3] その中でも，最も広く研究されてきた領域は，文法形態素（grammatical morpheme）の習得順序（または，難易度順序）である。
[4] Spada & Lightbown（2002）
[5] Spada & Lightbown（2002）

の理由は，おそらくスペイン語では否定要素を動詞の前に置く構造が許されるため，そこに母語であるスペイン語からの転移が強く生じ，次の発達段階に進む障害となるからであろう。一方で，日本語母語話者が英語を学習する場合，(1) の構造は日本語では不適格となるため，母語からの転移が生じることはなく，この段階を経験するものの，長くは留まらない。

　以上のことから，第二言語習得において，母語からの転移は生じるが，それはある発達段階に長く留まるかどうかに最も影響を与えるようである。したがって，母語が何であろうとも，第二言語でも全体的な習得の道筋は類似しているという仮説である。

　一方で，日本人がアメリカで英語を習得するといった自然な習得場面での学習者と，教室で教科書を使用し教師から指導を受けて外国語として第二言語を学ぶ学習者とでは，根本的にその習得の仕方が違うのではないかという疑問を持たれる人も多いかもしれない。確かに，両者は一見したところかなり学習環境が異なる。

　ところが，興味深いことに，教室で外国語として英語を学習するという状況においても，異なる学習者間で習得過程が類似しているばかりでなく，目標言語圏で第二言語として英語を習得する学習者とも習得過程が類似していることが判明してきているのである[6]。この研究成果の意味するところは，第二言語習得の一領域である外国語学習であっても自然な習得順序が存在するため，外部（教師）から誤りの訂正を受けても，その自然な習得順序を逸脱するほどには効果がないのではないかという考えである。

　ここで，英語の副詞句の位置について，教師からの明示的文法指導の影響が長期間持続できなかったことを調査した研究を紹介する[7]。この実験では，カナダの英語集中プログラムで学ぶフランス語母語話者（小

---

[6] 白畑・若林・須田（2004）
[7] White（1991）。白畑・若林・須田（2004）にも解説がある。

学生）を対象に，教師からの否定証拠の提示が，彼らの英語の副詞の位置の習得に効果があるかどうか実験した。

　学習者は，英語では「副詞が一般動詞の前に置かれること」（例：John always drinks coffee after breakfast.）と「フランス語とは異なり，一般動詞（他動詞）とその目的語の間に副詞が置かれることはないこと」（例：*John drinks always coffee after breakfast.）の2つの規則を知る必要がある。実験群には，実験開始から2週間，英語の副詞の位置を明示的に教え，かつ，彼らが副詞の位置に関して誤った発話をした場合，教師はそれを訂正した。一方で，統制群には副詞の位置に関して明示的指導や誤りの訂正はせず，副詞が適切な位置で使用されている肯定証拠のみを与えた。実験の結果，否定証拠を与える明示的学習効果は，短期間（数ヵ月間）は継続するものの，長期間（1年間）は持続できなかったことが明らかとなった。つまり，副詞句の位置への明示的指導，誤り訂正の効果は長期的には続かない，ということである。

　次に，自然な習得順序はパタン・プラクティス（pattern practice）的な練習によって変更することができなかったという実験を紹介する[8]。一般的に，英語の文法形態素，「進行形の -ing」（ING）と「名詞の複数形 -s」（PLU）では，ING の習得の方が容易であることが知られている。そこで，この研究では，学習者に名詞の複数形について，パタン・プラクティス的練習をさせることで正用率を入れ替えられるかどうか調査したのである。つまり，PLU を徹底的に練習すれば ING よりも正しく使用できるようになるかどうかをテストしたのである。

　フランス語を母語とする英語学習者が被験者として選ばれた。実験の結果，学習者がパタン・プラクティスによる練習を繰り返した直後では，正用率は「自然な習得順序」と入れ替わった。しかし，その後，練習を終了し，かつ，他の文法項目の導入が増えてくると，次第に PLU の習熟度は低くなり始め，最終的には再逆転し効果が持続しなかった。

---

[8] Lightbown（1983）

この結果は，意味のやり取りを伴わない機械的なパタン・プラクティスによって，PLUの習熟度を上げようと何度も繰り返し練習しても，一時的には正用率が上昇するが，その効果は長続きせず，また元に戻ってしまうことを示している。この帰結として，文法形態素に対してパタン・プラクティス的な練習の効果はないという推論が立つ。

　母語からの転移だと考えられる誤りが，明示的指導や誤り訂正によって軽減できるかどうかを調査することも本書のテーマの1つである。加えて，文法形態素の習得順序（困難度順序）が明示的指導と誤り訂正によって入れ替わることができるのか，動詞と関連する4つの拘束形態素（bound morpheme）を題材に，本書でも実験を試みる。（第2部2章）

4. 学習者が誤りの指摘を理解できる前提条件

　学習者が誤りを犯し，それを教師が訂正し，正しい形式・構造を教えた結果，その効果があったと仮定してみよう。これは何を意味するのだろうか。効果があったということは，誤りと正用法の相違が「理解できた」ということである。これは，学習者が当該文法規則について，「少なくとも知識としてすでに知っている」ということだ。まったく知らない文法規則について，教師からいきなり正しい形を提示されても学習者は理解できない。

　たとえば，現在完了形の知識がない学習者に，「ここは過去形ではなく，現在完了形で表さなければならない」と指摘しても理解できない。教師からの誤りの指摘を理解してもらうためには，もし学習者に現在完了形の知識がないのならば，その内容について根本的に，明示的にまず説明する必要がある。現在完了形などは，日本語に類似の文法形式がないため，暗示的に意味や構造を推測させ理解させることはかなり難しい（と筆者は思う）。つまり，英作文などで，学習者の書いた英文の誤りの横に，正しい形式・構造だけを示し，学習者にその誤りの意味に気づいてもらうためは，学習者がその規則について事前に（ある程度）知って

いなければならないのである。知らない規則について教師が訂正したところで、学習者は理解できず、誤りは直らない。

　したがって、誤り訂正を効果的に行うためには、当該学習者の知らない規則であるのなら、その前に、明示的に指導をする必要がある。本書で紹介する実験でも、明示的指導と、明示的誤り修正を組み合わせて指導をしたものが多いのはそのためである。

5. 学習者の誤りをどの程度直すべきか

　まず、大学2年生が書いた（2）の英文エッセイを読んでいただきたい。このような英文に直面した時、この学習者の英語能力を向上させる上で、教師としてはどう対処したらよいだろうか。

(2) The party which is the older members of my club show its appreciation for their hard work for a year was held by the second members on last Friday.（中略）I'm sorry that older members can come a little. But I want the new executives to hold out from now on. Also I want to help in my power.

　1つには誤りを全て直し、本人に返却する方法がある。そのような処置をすれば、（2）の原文はかなりその姿を変えざるをえない。また、全部は訂正せずに、指摘する誤りを選択し、一部のみを直す方法もある。そうなると、何を訂正し、何を訂正しないかを考えなければならない。

　一方で、誤りをいちいち訂正する必要はないという考え方もあるだろう。なぜならば、すでに見てきたように、外国語学習環境での学習であってさえも、自然な習得順序が存在するのであるから、一部の誤りだけを直されても、結局は一時的な効果しか期待できない可能性もあるからである。

　1980年代を中心に、誤りの訂正方法には次のような説があった。すなわち、学習者の誤りは「包括的誤り」（global error）と「局所的誤り」

(local error）に大別できる。前者は，聞き手（または読み手）が発話者の意図を理解するのが極めて困難になる誤りで，後者は意味の理解にはさほど影響を与えない誤りのことである。したがって，誤りを訂正するのであれば，コミュニケーションに支障をきたしてしまう包括的誤りを優先すべきで，局所的誤りはそのままにしておいても問題は少ない。

　しかし，この主張には大きな問題点がある。なぜならば，上の（2）からも分かるように，包括的誤りに属する誤りは，文章構造全体に関わる大規模的誤りであり，そのような場合，大抵は訂正すると原形を留めない修正になってしまうからである。さらに，誤り訂正を受けた当該学習者には，自分の理解できるレベルを超えた修正になってしまっている場合が多く，修正後の構造を理解できない場合も多いからである。学習者の習熟度レベルをはるかに越えた誤り訂正は効果がないのではないだろうか。本書で紹介する実験の1つでは，学習者の犯すすべての誤りを教師が訂正し，その効果を調査した（第2部9章）。

6.　フォーカス・オン・フォーム的指導法について

　「誤りを訂正する」という意味では同じであるが，筆者が本書で取り扱う明示的指導とは異なる立場を取る指導法が，「フォーカス・オン・フォーム」(focus on form，以下，FonF）である。この指導法について若干言及したい。

　FonFとは，意味重視のコミュニケーション活動に文法指導を効果的に組み込もうとする指導理念であり，意味の伝達を中心とした言語活動において，教師が必要に応じて学習者の注意を文法などの言語形式に向けさせる指導のことを言う[9]。要するに，学習者との意味のやり取り（コミュニケーション活動）の中で，学習者の発話に誤りがある場合，会話の流れを極力中断させることなく，教師はその誤り部分を正しい形式に

---

[9] 村野井（2006），白畑・若林・村野井（2010）。ここでの記述は白畑・冨田・村野井・若林（2009）に基づく。

変え，「言い直し，リキャスト」（recast）して学習者に投げ返したりする。教師が学習者に向かって正しい形式を発話することで，学習者に自らの発話と対照させ，その誤りに気づかせることを狙いとする。

　リキャストにもいくつかの種類があるが，(3) には「修正的リキャスト」(corrective recast) の例を載せる。

　(3) FonF 的指導に基づくリキャストの例[10]
　　　Student: I think that the worm will go under the soil.
　　　Teacher: You *think* that the worm *will* go under the soil?(recast)
　　　S:（no response）
　　　T: I *thought* that the worm *would* go under the soil.（recast）
　　　S: I *thought* that the worm *would* go under the soil.

　(3) は，過去時制で話さなければならないところを，現在時制を使用して話す学習者へ教師がリキャストを行うことで，誤りに気づかせ，上手に修正させている例である。

　筆者は，英語（外国語）でのコミュニケーション能力を発達させるための文法能力の育成という FonF の基本理念には賛成である。しかし，日本の教室場面で，FonF 的指導がどれだけ活用できるのか疑問に感じてはいる。それは以下のような理由による。

・FonF の使用は，基本的に教師と一対一で，口頭で行う場面となり，30 人いるクラスでそのような状況を作り出すのが難しい。もし一度に全員を見るとなると，1 人 1 分でも 30 分かかってしまう。
・FonF を教師とではなく，生徒同士で行えばよいという意見もあるが，それは生徒にとって能力的にも精神的にも難しいと感じる。
・比較的単純な誤りへの FonF は別として，複雑な誤りを即座に修正し

---

[10] Doughty & Varela（1998: 124）。白畑・若林・村野井（2010, p.133）にも掲載されている。

指摘することは教師に相当な英語能力がないと難しいのではないか。
・FonFの具体的指導法であるリキャストであれ，明確化の要求であれ，多かれ少なかれ，口頭でのコミュニケーションの流れを中断してしまうのではないか。
・学習者は指摘された誤りに必ずしも気づくとは限らない。

　筆者が最も強く感じることは，(3) の例のように，口頭での単純な誤りへのリキャストは容易に実行できそうであるが，(2) のような英文（もっとも，これは spoken English ではなく，written English の例ではあるが）や，学習者との会話に，"I sunny personality."（意味は「僕は明るい性格です」）や，"Before I go, I was pleasure."（意味は「行く前からワクワクしていました」）などといった英語が出てきた場合には，どのように即座にリキャストできるのか，その点が最も気がかりである。
　つまり，学習者の発話した英語の意味がすぐに分からないときにはどうするのか。学習者に明確化の要求（例：Pardon?, Could you say it again?）などをしても，より正確な英語の発話を期待するのは難しいのではないかと危惧する。修正しやすい簡単な誤り（例：過去形にさせる，複数形にさせる，冠詞の a を入れる，など）に対してしか，リキャストは有効に使えないのではないかと思うのである。

　本章の趣旨を簡単にまとめると次のようになる。母語獲得または第二言語環境での第二言語習得と，日本での教室を中心とする英語学習の相違を考えれば，外国語学習では，日々受けるインプット量の少なさを補い，母語の知識や一般認知能力の高さを最大限に活かす方法として，そして習得過程の第 1 段階として，「まずは，明示的に言語知識を得る」ということがクローズアップされてきてもおかしくはない。
　それは，高い分析能力を持っている大人の武器を最大限に利用する方法である。それには，まず，学習者は教師から文法規則を明示的に教えてもらう（もちろん，その教え方を工夫する必要があるのは言うまでも

ないが)。そして，有意味タスクを行う中で誤りを犯せば，どこがどのように間違っているのか論理的に説明してもらう[11]。

一度学習した後でも，もしその誤りに関する規則について，学習者側に依然として十分な知識がないのなら，当該規則について再び明示的に指導してもらい，それを論理的・分析的に理解する。そしてその後，再び，適切な場面設定での意味のやり取りを伴うタスク活動をすることで規則を次第に内在化させ，実際の場面で使えるようにしていく，つまり習得していく方法である[12]。したがって，母語獲得では利用しないと言われている誤り訂正（明示的否定フィードバック）が，教室場面での外国語学習の場合には効果を発揮する可能性が高い。

最後に，第1部から第2部への橋渡しとして，その第2部で紹介することになる一連の実験結果から得られた16の結論を，下記に前もって記すことで1部の括りとしたい。

7. 一連の実験から得られた16の結論

1. 教師の明示的な指導，誤り訂正は，短期的にはほとんどの調査項目に効果があった。
2. しかし，2か月以上の長期にわたって，その効果が持続するかという段になると，効果が持続している項目と，していない項目とに分かれた。
3. その両者の違いをもう少し細かに分析してみると，効果の持続しない項目の特徴の1つとして，それらが文法的な機能を主に伝えることを主とする項目であったり，文法的な働きが主である項目である，

---

[11] タスクの理論については，松村（2009），特に松村（2012）を参照されたい。
[12] このような教え方を肯定する裏には，明示的に学習した文法規則は，（意味のあるタスク活動を行うなどすることで）早晩，自動的に使用できる知識になり得るという考え方がある。また，自動化できるようになった後でも，明示的知識（ここでは，ある文法についてその規則を説明できること）は明示的知識として保持していればよいのである。明示的知識を持っていることと，その知識が時間をかけずに（つまり，瞬時に）使用できるようになることとは別だからである。明示的知識が暗示的知識（と呼ばれるものに）に変わる必要はまったくない。

いわゆる,「機能範疇」と呼ばれる文法範疇に属する項目であることが分かった。
4. 一方,比較的長期間にわたって効果が持続する項目の特徴の1つは,語彙的な意味の伝達を主とする項目であることが分かった。
5. 3と4を裏づける証拠として,明示的指導や誤り訂正によって文法形態素の難易度順序を変えることはできなかったことがあげられる。
6. 誤り訂正の効果が低い項目のもう1つ別の特徴として,母語転移の影響がある。特に,母語に類似した概念がない項目は,形式的難しさというよりも,その概念自体の理解に時間がかかり,そのために習得が遅延してしまう。
7. よって,そのような項目については,明示的指導では形式の指導に重点を置くのではなく,その概念を理解するために時間をかけることが重要となる。
8. 誤り訂正の効果にさらに影響を与えると考えられる要因に,その文法項目の内部規則の複雑さという要因がある。
9. ある単一の文法項目であっても,その下位用法の複雑さの度合いにより習得に困難度の差が生じる。
10. 一方で,規則の概念的な難しさを学習する必要がなく,形式のみを学習することが中心となる項目には,アウトプットを増やすための有意味反復練習が有効となる。
11. 初級段階から誤りをほとんど犯さない文法項目もある。
12. 明示的指導の効果や誤り訂正の効果は学習者の英語の習熟度と関係が深い。つまり,ある1つの文法項目を文中で使用する際には,必ず他のいくつかの文法項目が深く関わっており,それらと関連づけて理解するため,習熟度の高い学習者の方により効果的なのである。
13. 教室環境で英語を習う学習者にとって,明示的指導の効果や誤り訂正の効果は,その学習者の認知能力,分析的思考能力と関係がある。つまり,教師の説明をどの程度理解できるかということと関係がある。

14. 今までに十分に教えられてこなかった文法規則，または忘れてしまっている文法規則には明示的指導・誤り訂正が効果的である。
15. しかし，だからといって，明示的に教えられた瞬間からすべて理解できるようになるわけではない。
16. そして，明示的指導を行ったとしても，当該文法項目がどの被験者にも完全に習得できるようになるかはわからない。おそらく，そうはならないだろう。それは，本実験の被験者の平均正答率がどの項目においても100%には到達しなかったことからも明らかである。

第 2 部

「誤り訂正」研究データからの仮説と学校現場への応用

　第 2 部では，日本の教室で英語を学ぶ学習者を被験者に，筆者が 2008 年度から 2014 年度までの 7 年間に行ってきた 12 の実験を，1 章から 9 章までで紹介する。そして，これらの実験から得られた 16 の結論を紹介しながら，明示的指導と修正フィードバックの有効性とその限界について考察する。最終章となる 10 章では，この 16 の結論を土台とし，本実験結果を教室での英語指導にどのように応用するか，その方法を検討する。

第1章
主語に関する明示的指導の効果

【本実験で検証すること】
・明示的指導の効果や誤り訂正の効果は学習者の英語の習熟度と関係が深い。つまり，習熟度の高い学習者に効果的である。
・規則が複雑な文法項目に対する明示的指導法は，それを理解できるだけの認知能力のある学習者に効果的である。
・今までに十分に教えられてこなかった文法規則，または忘れてしまっている文法規則には明示的指導・誤り訂正が効果的である。

1. はじめに

本実験では，英語の「主語」を理解するための明示的修正フィードバックの効果の検証を通じて，以下の課題について考えていく[1]。

まず，学習者の受ける言語資料，いわゆる言語インプットは，基本的に「このように言う」という肯定証拠を学習者に与えてくれるが，学習者側からすれば，そのようなインプットだけからでは判断しにくい文法規則もあることを教師は認識すべきである。つまり，第二言語習得では否定証拠のある方が理解しやすい場合があるのである。

それは，母語と第二言語間で表面的な規則は似ているがまったく一緒

---

[1] 本章の内容は，白畑 (2010)，Shirahata, Shibata & Taferner (2013a) として口頭発表したものを発展させ，大幅加筆修正したものである。また，白畑 (2012, 2013) と一部記述が重複することをお断りしておきたい。

ではなかったりする場合や，母語ではAとBの言い方は許されるが，学習する第二言語ではAの言い方しか許されない場合がこれに当てはまる。後者についてもう少し詳しく説明すれば，学習者は「Bの言い方は許されない」ということを何らかの方法で知る必要があるが，Bの言い方は許されないという証拠は肯定証拠からは得ることができない。なぜなら，Bの言い方を母語話者は誰も産出しないからである。したがって，許されないかどうか判断できないのである。産出しないからといって必ずしも誤りではないだろう。たまたま耳（または目）にしなかっただけかもしれない。後で詳述するが，日本人学習者にとっての英語の主語の習得は，このような論理が当てはまる項目なのである。

よって，本章では学習者が規則の相違に気づきにくい場合，「このように言ってはいけない」と直接説明することは効果的であることを論じることになる。特に，これまでに十分学習してこなかった文法規則に対して，そして認知能力の高い学習者，つまり大学生には効果的であることも強調する。

次に，同じ文法説明をしても，それを聞いたどの学習者にもその説明が同程度に効果的ではないことを示したい。つまり，第二言語の習熟度によって明示的文法説明の効果が異なるということである。教師からの説明を受け入れられるだけの習熟度の「準備」が整っていない学習者に，いくら文法説明をしても，その規則自体を理解することができないということを示したい。

まとめれば，英語の主語についての明示的説明は，認知能力が高く，英語の習熟度も中級レベル以上に達している大学生などに有効な指導法であることを主張する。

2. 仮説の背景
2.1 日本語の話題文
実験の紹介に入る前に，本章で取り上げる主語について，英語と日本語の相違をまとめておこう。

日本語では,「A は B（だ）」という表現で実にさまざまな内容を表現することができる。たとえば,次のサッカー天皇杯の対戦相手について,「ジュビロ磐田は清水エスパルスだ」と言える。しかし,英語では"Jubilo Iwata is Shimizu S-Pulse." とは言えない。これでは両チームが同じになってしまう。このような日本語の統語構造の特性を,日本語を母語とする英語学習者はよく誤って使用してしまい,その結果,（1a）や（1c）のような誤りを犯すことが知られている[2]。しかし,それらに相当する日本語である（1b）や（1d）に不自然さは感じられない。

(1) a. *I am muscular pain.　（= I have muscular pain.）
　　b. 僕は筋肉痛だ。
　　c. *My high school was school uniform.
　　　　　　　（= We wore a school uniform at high school.）
　　d. 私の高校は制服でした。

　このように,日本語ではよく,その文の「話題」（topic）として取り上げたいものを文頭に置き,係助詞の「は」をつけて表示する[3]。「僕はウナギだ」という日本語文は言語学の世界ではちょっと有名な例文であるが,つまり,次のような会話は日本語では至極普通に聞かれる。

(2) レストランでの茂則と孝司の会話
　　茂則：僕はカツカレーの大盛りだ。君は何食べる？
　　孝司：僕はウナギだ。

　もちろん,2人がカツカレーやウナギであるはずはないが,この日本語での会話の文脈では「僕はウナギだ」はまったく自然である。

---

[2] Kuribara (2004), Shibata (2006), Wakabayashi & Negishi (2003), Nawata & Tsubokura (2010), 梅原・冨永 (2014)
[3]「は」は取り立て助詞または副助詞と分類される場合もあるが,本書では係助詞と表記する。

しかし，ここで少し困ったことに，「A は B（だ）」という日本語の構文にピタリと合う英文も多いのである。次の例を見てほしい。

(3) a. 僕は大学生だ。
　　b. I am a university student.
　　c. 太郎はデブだ。
　　d. Taro is fat.

要するに，英語では主部と述部にあたるものの関係が「イコール」の形になっていれば「be 動詞」（ここでは「連結辞」copula と言った方がより適切であろうが）でつないでもよいわけである。そして，その日本語訳に「は」が登場してくる。ところが日本語では必ずしも「イコール」の関係になっていないものでも「は」でつなぐことができる。ここに日本語からの負の転移が生じてしまう。もちろん，「be 動詞」と「は」は文法機能上，同一ではないが，どちらも限定詞句（determiner phrase, DP）の後ろに来るし，また同じような文脈で使用できる場合が多いことも影響してか，同一だと解釈してしまう英語学習者が大勢いるということである[4]。したがって，本実験では，「be 動詞」と「は」は「同じではない」という指導を，実例を示しながら，明示的に教えてみることを行った。

　さて，本章で取り上げる統語構造上の相違について，もう少し言語学的に述べると，日本語は「話題卓越言語」（topic-prominent language）的性格を持っている言語であるのに対し，英語は「主語卓越言語」（subject-prominent language）的性格を強く持っている言語であると言える[5]。日本語ではその文の中で強調したい要素を，係助詞「は」を

---

[4] 本書では，英語の［the man］や［this girl］の句（phrase）を，名詞句（noun phrase, NP）ではなく，限定詞を主要部とする限定詞句と呼ぶ。日本語には限定詞が存在するか議論の分かれるところであろうが，本書では「この女の子」などをやはり DP と表記する。
[5] Li & Thompson (1976), 柴谷 (1985), Jin (1994), 三原 (1994)。「話題」は「主題」とも呼ばれる。よって，話題卓越言語は主題卓越言語と表記される場合も多い。

伴って「話題句」として文頭に持っていくことができる。それを「話題化」(topicalization) というが，その際，(4) で示すように，「が」格と「を」格を話題化する場合には「がは」「をは」にはならず，「は」のみが付加されることになる。「に」「から」など，他の格助詞の場合は「には」「からは」となる[6]。

(4) a. 花子があのゴディバの美味しいチョコレートを太郎にあげた。
    b. 花子はあのゴディバの美味しいチョコレートを太郎にあげた。
    c. あのゴディバの美味しいチョコレートは花子が太郎にあげた。
(5) a. 父が花子にエルメスのバックをあげた。
    b. 花子には父がエルメスのバックをあげた。
(6) a. 花子の父が福岡から，太郎の兄が東京からやってきた。
    b. 福岡からは花子の父が，東京からは太郎の兄がやってきた。

2.2　項構造の省略

　本実験には，日英語の統語構造の相違として，もう1つ重要な特色が含まれている。それは，「日本語は文脈の許す限り，主語や目的語などの項（argument）の省略が許される言語である」ということである。次の例を見てほしい。

(7) a. 花子：(φ) お昼ごはんもう食べたの？
    b. 太郎：うん。(φφ) 12時に食べたよ。
(8) a. 花子：?あなたはお昼ごはんをもう食べたの？
    b. 太郎：うん。?僕はお昼ご飯を12時に食べたよ。

---

[6] なぜこのような違いがあるかについての詳しい説明は，理論言語学や日本語言語学等の書物を参照していただきたいが，ここで簡潔に言えば，「が」と「を」は「固有の意味を持たない」構造格であるから省略が可能なのであろう。固有の意味を持つ「が」「を」以外の格助詞（これらは，内在格とも呼ばれる）は省略ができない。次の (5) (6) の例も同様で，「が」「を」は省略できるが，「に」は内在格なので普通は省略しない。

(9) a. Hanako: Have you already eaten lunch?
　　b. Taro: Yes. I ate it at noon.
(10) a. Hanako:*Have (φ) already eaten lunch?
　　b. Taro: Yes.*(φ) ate (φ) at noon.

　(7) の例のように，誰に向かって話しているのかが分かる場合，日本語では主語を省略するのが一般的であって（そして，目的語も），(8) のように入れてしまうと逆に不自然さが増してしまうことになるのがよくわかる。一方，英語では (10) のように，主語や目的語を省略すると非文法的な文であるとみなされてしまう。
　以上の考察より，日英語の相違として次のことが言える。

(11) a. 日本語では，文頭に来る限定詞句は文の「主語」の場合もあるが，多くの場合，助詞の「は」を伴って「話題句」が来る。一方で，英語では，大抵の場合，文頭に来る限定詞句は「主語」である。
　　 b. 日本語では主語（や目的語）を頻繁に省略するが，英語ではそのような操作は基本的に許されない。

　特に (11a) の特性に日本人英語学習者が永遠に気づかないかどうかは別として，少なくとも学習の初期段階において，肯定証拠のみから成っている言語インプットだけからでは気づきにくいことは確かである。しかも，(11a) は文法形態素などの誤りとは異なり，何らかの要素が欠けている（つまり，-s が脱落しているといった）誤りではないため，指摘もされにくい誤りである。そこで，本実験では「主語」と「話題」は違うのだということを，実例を出しながら学習者に明示的に説明し，その効果を検証してみた。

3. 実験
3.1 被験者
　実験は，2008 年 4 月に開始された。被験者は，96 名の大学 2 年生で，彼らを，TOEIC の得点の高低により，A グループ（550 - 700 点），B グループ（300 - 400 点），そして統制群（550 - 700 点）の 3 つのグループに分けた（表 1 参照）。そして，便宜上，A グループと統制群は「中級グループ」，B グループは「初級グループ」と呼ぶことにする。被験者を 2 グループに分けた理由は，TOEIC の得点の高低，つまり，学習者の英語の習熟度の差が，主語についての明示的指導の効果に影響を及ぼすかどうか調査するためである。

表 1. 被験者の情報

グループ	A グループ (38 人)	B グループ (21 人)	統制群 (37 人)
TOEIC 得点	550 — 700 点	300 — 400 点	550 — 700 点
習熟度	中級	初級	中級

3.2 実験の手順
　まずプレテストを実施し，その次の週から 3 週連続して指導を行い，その指導終了 1 週間後に直後ポストテスト，36 週間後に遅延ポストテストを実施した。テストは文法性判断テストを採用した（文法性判断テストの内容については後述する）[7]。

---

[7] 本書で紹介するすべての実験デザインに共通するため，この第 1 章で明記しておくが，筆者が行った実験は（非常勤先を含め）筆者が担当している教養教育（または，共通教育と呼ばれる）の英語の時間に，学生からの承諾を得た後に行ったものである（ただし，実験に関する詳しい解説，フィードバック，質疑応答は授業の最終日に行った）。明示的指導をしている時間（平均して 30 分が 3 回程度）とテストの時以外の授業時間は，（当然であるが）本来の授業シラバスに沿って通常の英語の授業をしていた。ただし，筆者は，もう 10 年以上も前からのことになるが，どの教養教育の英語の授業でも，家庭学習として毎週 150 語程度で英語を書いてくることを課している。理由は「書くこと」が最もクリエイティブな作業だと思っていることと，彼らのライティングを読むと英語力がよく把握できることからである。

- プレテスト：第1週　文法性判断テスト

- 指導の実施：第2, 3, 4週（各30〜35分）
  指導内容：英語では主語は省略できないことを説明。日本語の「が」「は」を対照させて「主語」と「話題」の相違を説明。「は」と英語の連結辞（be動詞）との相違を説明。英文の文法性判断をさせてその後に説明。

- 直後ポストテスト：第5週　文法性判断テスト

- 指導なし（37週間）：第5〜41週

- 遅延ポストテスト：第42週　文法性判断テスト

　独自に日本語母語話者の誤りのタイプを3種類に分けてテストした。「タイプ1」は，(12a)のように，「話題句＋（空主語）＋動詞」の構造となっていると考えられる英文である。(12d)で示すように，日本語では，「テストは思ったよりできた」と言えるが，この時の「テストは」は話題句であり，文の主語とは言えない。したがって，「テストが思ったよりできた」のは「私」であるから，同じ意味を英語で表現する場合，Iを主語とするならば，(12b)のような表現にしなければならないだろう。または，若干趣を変えて，the test を主語にし，(12c)のように言うことも可能であろう。

(12) タイプ1：話題句＋（空主語）＋動詞
　　a. *The test did better than I expected.

b. I did better on the test than I（had）expected.
　　c. The test was easier than I（had）expected.
　　d. テストは思ったよりできた。

　「タイプ 2」は（13a）で示すように，「話題句＋be 動詞＋主語＋動詞」という構造を取る誤りである。(13b), (13d) からも分かるように，this bag は，本来は目的語である。それが，be 動詞（下記の例では was）を付加して文頭に現れている例である。前述したが，連結辞（copula）としての be 動詞を，日本語で話題句を導く助詞「は」と同一視しているための誤りだと考えられる。典型的に，日本語の話題構文（13c）と同じ構造を取っている[8]。

　(13) タイプ 2：話題句＋be 動詞＋主語＋動詞
　　a. *This bag was my father bought me.
　　b. My father bought me this bag.
　　c. このバッグは父が私に買ってくれた。
　　d. 父が私にこのバッグを買ってくれた。

　「タイプ 3」は（14a）で示すような構造を取る誤りであるが，本書では「be 動詞の過剰般化」と名づけた。筆者の経験からだが，3 タイプの内で最も多く出現する誤りの形であろう。つまり，日本語で解釈すると，「A は B だ」となり，述部の一部が省略されている形となる[9]。

　(14) タイプ 3：be 動詞の過剰般化
　　a. *My family is six people.

---

[8] ただし，be 動詞の入らない発話もないわけではない（例：*This bag my father bought me.）。
[9] Kuno（1973），久野（1983），野田（1996）。また，奥津（1978），三原・平岩（2006），田川（2015）も参照されたい。

b. My family has six people.
c. 私の家族は6人です。

3.3　明示的指導の内容

まず (15a) の英文を使用して，英語では「主語」は省略できないことを，主語が省略可能な日本語と対照させることで明示的に説明した。

(15) a. A: What did you do last night?
　　　　B: I studied math.
　　 b. A: 昨夜（φ）何をしたの？
　　　　B:（φ）数学を勉強した。
(16) a. John said that [he ate sushi with Mary].
　　 b. 太郎は [（φ）花子と寿司を食べた] と言った。

次に，「主語」と「話題」の相違について，話題句を示す係助詞「は」と，格助詞「が」を対照させることで説明した。特に，「話題化」とはどのような現象であるのかということと，日本語の「は」は英語の連結辞（be 動詞）とは関係のないことを説明した。

(17) a. スイカは美味しい。
　　 b. スイカが美味しい。
　　 c. 夏はスイカが美味しい。
　　 d. 夏がスイカが美味しい。
(18) a. 太郎が花子をたたいた。
　　 b. 太郎は花子をたたいた。
　　 c. 花子は太郎がたたいた。
(19) a. *Today is busy.
　　 a'. 今日は忙しい。
　　 b. I am busy today.

　　　　b'. 僕は今日は忙しい。
(20) a. My brother gave this watch to me.
　　　　b. *This watch gave to me.
　　　　c. *This watch my brother gave to me.
　　　　d. *This watch was my brother gave to me.

　明示的説明の第2週は，最初の20分をかけて前の週の復習をした。その後で被験者たちに（21）のような英文の文法性を判断するように指示し，併せて答え合わせと解説も加えた。

(21) a. *Tomorrow will finish school.
　　　　b. *Friday always finish school late.
　　　　c. *Today blew strong wind.

　第3週の指導の内容は，最初の15分で第2週目の復習をし，(21)と類似した英文を提示し，文法性を判断する練習をした。

3.4　実験で用いたテスト問題（例）

　被験者たちには文法性判断テストを3回受けてもらった。つまり，プレテスト，指導がすべて終了した後1週間経ってからの直後ポストテスト，そして指導終了後，37週間（おおよそ9か月）経った後の遅延ポストテストである。テストで使用した名詞，形容詞，動詞はテストごとに変更したが，文構造は変えることなく，どのテストでも同程度の質的水準の英文を保持するように心がけた。
　テストの内容は，3タイプでそれぞれ6文ずつ用意したので，全部で18問である。(22)～(24)にテスト文例を載せておく。それに錯乱文を22文加え，合計40問から構成されている。テスト文18問はすべて「非文法文」であるため，バランスを取るように，22個の錯乱文はすべて「文法的に適格文」とした[10]。

(22) タイプ 1：話題句 +（空主語）+ 動詞
   a. *Our school studies on Saturdays.
    ［適格文例：Students study on Saturdays at our school.］
   b. *This restaurant can eat anything for only one thousand yen.
    ［適格文例：You can eat anything（you want）for only one thousand yen in this restaurant.］
   c. *The test did better than I expected.
    ［適格文例：I did better on the test than I expected.］
   d. *Next week has many tests.
    ［適格文例：We will have many tests next week.］

(23) タイプ 2：話題句 + be 動詞 + 主語 + 動詞
   a. *My birthday was many friends came from Tokyo.
    ［適格文例：Many friends came from Tokyo for my birthday.］
   b. *This bag was my father bought me yesterday.
    ［適格文例：My father bought me this bag yesterday.］
   c. *This watch was my mother gave me.
    ［適格文例：My mother gave me this watch.］
   d. *Shizuoka is sometimes typhoons come in July.
    ［適格文例：Typhoons sometimes come to Shizuoka in July.］

(24) タイプ 3：be 動詞の過剰般化
   a. *I am muscular pain.
   b. *Today is strong wind.
   c. *This department store is a big bargain sale now.
   d. *We were the same high school

---

[10] しかしながら，実験終了後，タイプ 1 に関わる 2 つのテスト文の出題が不適切だったことが判明し，それらを考慮外としたため，タイプ 1 の問題数は 4 問となった。

被験者は，単に「適格」「不適格」を答えるだけでなく，その文が「不適格」だと判断した場合，正しく訂正するか，または，なぜ不適切だと判断したのか，その理由も答えるように要求された。この基準のため，単に，「不適格」だと記入しただけの回答は「不正解」と見なした。同様に，指摘している部分は適切だが，修正回答が間違っている場合も「不正解」と見なした。1ページに1問ずつ質問が載せられており，被験者は一旦答えた問題に再び戻って回答することは禁じられた。

4. 実験の結果

　まず，プレテストの結果を表2に示す。3グループで同じ難易度順序を示す結果となった。つまり，「タイプ2＞タイプ3＞タイプ1（易＞難）」となり，間違っていると最も正しく解答できたタイプはタイプ2（例：*This bag was my father bought me yesterday.）で，次にタイプ3（例：*I am muscular pain.）が続き，最も判断が困難であったものはタイプ1（例：*Next week has many tests.）であった。

表2. プレテストの結果 (( ) 内は正答数／有効回答数)

文タイプ	Aグループ (n=38)	Bグループ (n=21)	統制群 (n=37)
タイプ1： 　話題＋(空主語)＋動詞	48.7% (74/152)	36.9% (31/84)	47.3% (70/148)
タイプ2： 　話題＋be動詞＋主語＋動詞	66.7% (152/228)	60.3% (76/126)	67.6% (150/222)
タイプ3： 　be動詞の過剰般化	55.7% (127/228)	49.2% (62/126)	56.8% (126/222)
平均正答率	58.1% (353/608)	50.3% (169/336)	58.4% (346/592)

　表3は，指導終了1週間後に行われた直後ポストテストの結果である。

Aグループに関して、タイプ1では70.4%が正しく誤りを判断できていた。これはプレテスト時よりも21.7%の増加である。タイプ2では87.3%（＋20.6%）、タイプ3は85.1%（＋29.4%）であった。被験者たちの判断がどのタイプも20%以上上昇していることが分かった。

次にBグループの結果を見てみよう。このグループも正答率は上昇したことはしたが、その伸び率はAグループほどではなかった。すなわち、タイプ1は50.0%（＋13.1%）、タイプ2は69.8%（＋9.5%）、そして、タイプ3は63.5%（＋14.3%）であった。また、統制群の結果は、当然と言えば当然だが、横ばい状態で、タイプ1と2では1.3%、タイプ3では0.4%の相違であった。

表3. 直後ポストテストの結果

文タイプ	Aグループ	Bグループ	統制群
タイプ1：	70.4% (107/152)	50.0% (42/84)	48.6% (72/148)
タイプ2：	87.3% (199/228)	69.8% (88/126)	68.9% (153/222)
タイプ3：	85.1% (194/228)	63.5% (80/126)	57.2% (127/222)
平均正答率	82.2% (500/608)	62.5% (210/336)	59.5% (352/592)

次に、表4と表5をご覧いただきたい。まず表4は、37週間後の「遅延ポストテスト」の結果である。遅延ポストテストの目的は、ある指導法が長期的にも効果があるかどうか調査することである。表5はグループ別の正答率の推移である。「上昇率」は、遅延ポストの正答率がポストテストの正答率よりもどの程度上昇しているのかを示す。これらの差を比べることにより、明示的指導と否定フィードバックの組み合わせによる筆者の教え方が、「主語」の理解に関して、グループ別に明示的指

導終了後でも効果が持続できる方法であったのかどうかを考察する。

表4と表5より，中級者グループのAグループについて，指導の効果は37週間後でも依然として保持されていたと言ってよいだろう（全体で25.0％の上昇率）[11]。一方，初級者グループのBグループについては，直後ポストテストの正答率もAグループよりも20％近く低い（62.5％）のに加えて，遅延ポストテストではさらに正答率が下降していた（56.3％）。また，統制群では顕著な変化は見られなかった。

表4．遅延ポストテストの結果

文タイプ	Aグループ	Bグループ	統制群
タイプ1：	72.4% (110/152)	45.2% (38/84)	48.0% (71/148)
タイプ2：	90.4% (206/228)	65.1% (82/126)	67.6% (150/222)
タイプ3：	82.9% (189/228)	54.8% (69/126)	57.7% (128/222)
平均正答率	83.1% (505/608)	56.3% (189/336)	59.0% (349/592)

表5．グループ別の正答率の推移

	プレテスト	直後ポストテスト	遅延ポストテスト	上昇率
Aグループ	58.1%	82.2%	83.1%	＋25.0%
Bグループ	50.3%	62.5%	56.3%	＋6.0%
統制群	58.4%	59.5%	59.0%	＋0.6%

（注：「上昇率」は，「遅延ポストテスト」－「プレテスト」の差）

---

[11] タイプ1とタイプ2に関して，素点では遅延ポストテストの正答率の方が直後ポストテストの正答率よりも，Aグループ，Bグループ，それぞれ2.4％と3.1％良かった。同じような傾向が，「自動詞と他動詞の区別実験」などでも生じている。つまり，指導が終了した後でも正答率に伸びがある場合もあるということである。なぜこのような現象が起こるのか，原因を今後検討していきたい。

第 1 章 主語に関する明示的指導の効果

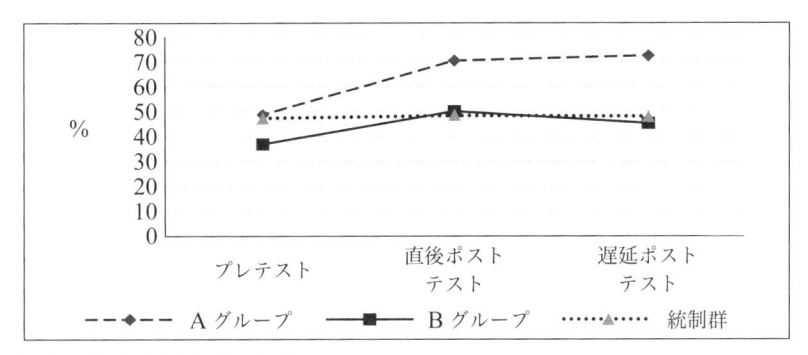

図1. タイプ 1 の正答率推移

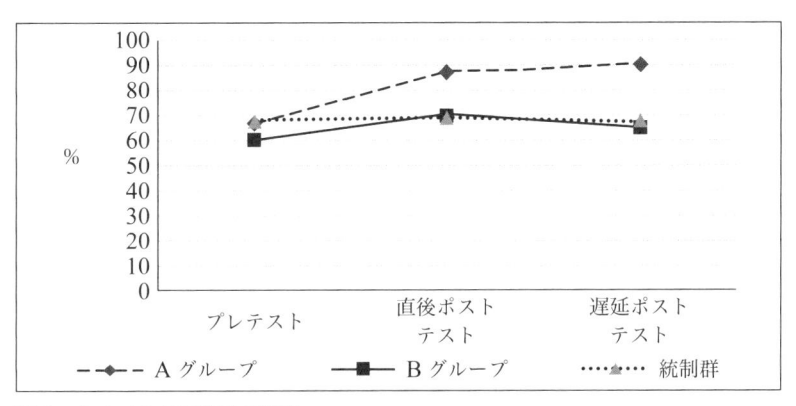

図2. タイプ 2 の正答率の推移

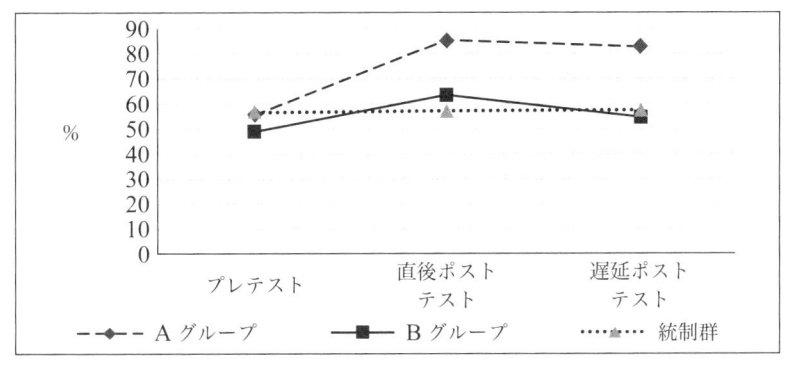

図3. タイプ 3 の正答率の推移

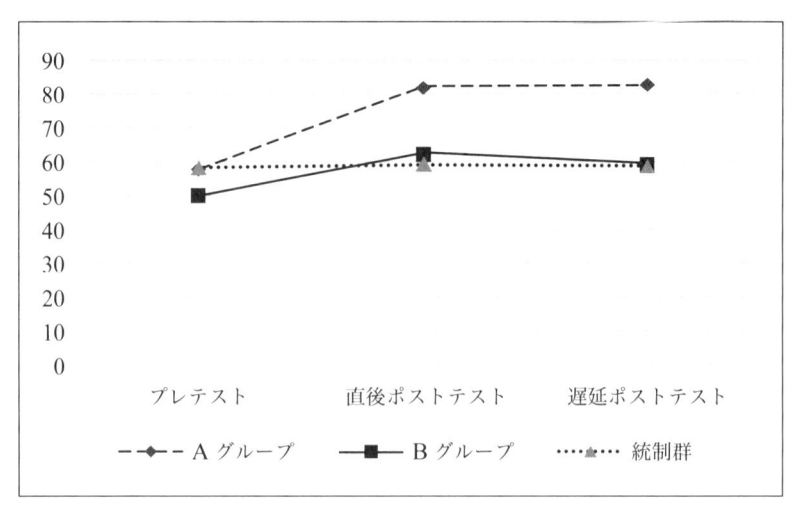

図4. グループ別の正答率の推移

5. 本章のまとめ

　TOEICの得点差によって被験者を2グループに分けたが，両グループにはまったく同じ内容の文法説明と明示的修正フィードバックを与えた。しかし，その2グループ間で，直後ポストテストと遅延ポストテストの両方で正答率に差が生じた。この結果は，同質の文法説明を施しても学習者の習熟度によって効果が異なる文法項目が存在するということを示唆している。そして，「英語の主語」に関する明示的指導は，初級レベルの学習者よりも中級レベルの学習者により効果的だったということである。

　この結果が妥当なものであるならば，初級者は教師の説明を聞いても，どのように直してよいのか判断できるレベルにまで到達していないということで，つまり，「修正できる準備ができていない」ということなのだろう。被験者たちは同じ大学の同じ学部に所属する大学2年生だったため，本実験に関する限り，実験群と統制群の両者の認知レベルは同程度に高く，「一般認知能力の差が原因」とは言えないであろう。

　本実験結果から，「主語と話題の違い」といった複雑な概念の説明は，

初級者よりも中級者以上の学習者に向いている，という仮説が立てられる。初級学習者は，全体的に第二言語についての知識が欠けているため自分の中でその説明を処理し内在化することが難しいのかもしれない。これは習得には順序がある，ということの裏付けになるかもしれない。ある習得段階に達していなければ，次の習得段階には進めないということである。

6. 主語の指導におけるポイント

　英語の文主語の理解は日本人英語学習者にとって厄介な文法項目のうちの1つである。それは，「太郎が寿司を食べた」も「太郎は寿司を食べた」も，どちらも英語では "Taro ate sushi." になるからである。そして，「太郎は今学生だ」は "Taro is a student now." と表現できることからの類推で，「太郎は今学校だ」を "*Taro is school now." と表現しようとするとこれは不適格になるのだ。日本語では「主語」の概念が曖昧である上に，省略することも許される。さらに，日本で使用されている中学校，高等学校のどの英語の教科書にも，「話題句＋(空主語)＋動詞」の構造は非文法的であるという記述がない。つまり否定証拠がない。したがって，言語学をよく知っている教師が教えない限り，中級もしくは上級者になってからでないと学習者が自ら気づくということはなかなか起きないのではないだろうか。

　主語と話題の相違について，中学生にも理解できるような工夫を考えると，一案として次のような説明はどうであろうか。

　「日本語では『太郎は今学校だ』って言えるけれど，この意味は，もう少し正確に言い直すと，「太郎は今学校の中にいる」ということだよね。そうすると，Taro is at/in school. ぐらいにすると『太郎は学校にいる』という意味になるよね。太郎と学校とは同じじゃないよね。同じものならば，Taro is school. と言ってもいいけれど。たとえば，Taro is a student. はいいよね。太郎は生徒だからね。でも，Taro is school.

だと，太郎が学校自体になってしまうよね。同じように，外にご飯を食べに行った時，『僕はラーメン！』をI am a ramen. って，英語で言えると思う？ 言えないよね，自分がラーメンになっちゃうからね。ちょっと，日本語と英語では言い方が違うね。」

そして，日本語の「AはBだ」で，幅広い意味を表現できることを教え，ことばについて興味を持ってもらう。

以上の結果から，主語の習得に関し，誤りを指摘することは「気づき」を促し，有効な方法であることが判明した。ただし，「主語」と「話題」という概念は簡単なものではないため，英語能力的に準備のできていない学習者には効果が半減すると思われる。

7. 補足実験

上記の実験を完了してしばらく経った2014年の前期学期に，直接明示的に教えないで気づかせる方法，つまり暗示的な方法でも英語の主語の習得に効果があるかどうか調査してみた。実験前の筆者の仮説は，「直されてもその直された意味が分からないだろうから効果がない」というものである。

被験者は上記の大学生とは異なる大学生14名である。毎週の宿題の英文ライティングの中に，話題卓越構文を書いてきた学生に対して，その該当する英文に赤色ボールペンで下線を引き，その横に「？」マークをつけて返却してみることにした。したがって，クラスの学生30名に一斉に指導したのではなく，話題卓越構文を書いてきた学生のみに随時赤ペン指導をしたということである。

30名の受講生の中で，筆者の気づいた限りで，前期期間中に明らかな話題卓越構文だと思われる英文を宿題のライティングの中で少なくとも1回は書いた学生が14名いた。それら14名の学生の「話題卓越的な構文」例を（25）にあげる。

(25) a. *My hobby is trip.（僕の趣味は旅行です）

［適格文例：My hobby is going on a trip./ My hobby is travelling.］

b. *The high school baseball is tournament.

（高校野球はトーナメント式です）

［適格文例：The high school baseball team is on a tournament.］

c. *Job hunting is one year later.（就職活動は1年後です）

［適格文例：My job hunting will start one year from now.］

　想定内ではあったが，このうちの半数以上の学生（8名）が，「この「？」の意味は何か？」と，返却した授業の終了後に聞きに来た。筆者は「その赤線が引かれている英文の表現が間違っていて，英語ではそのような言い方はしない。どのような英語に直したらいいか考え，自分なりに直して来週持って来てほしい。しかし，それでも分からないようなら，来週の授業終了後に説明するので，もう一度来てほしい」といった趣旨の内容を，学生ごとに伝えた。

　それぞれ1週間後，8名全員が筆者のもとにやって来た。そして，どの学生も全員が，「どのように直したらよいか分からなかった」と答えた。やはりこの種の誤りは明示的な指導がないと，いきなり修正できるようにはならないのである。すぐに自分で直せるというのは，当該規則を少なくとも知識として知っているからこその技であって，知らないものは直せない，ということである。

第2章
文法形態素に関する明示的指導の効果

【本実験で検証すること】
・明示的な指導，誤り訂正は，短期的には文法形態素の正用率の向上に効果がある。
・しかし，長期的には効果が持続しにくい。
・文法的な機能を伝えることを主とする項目には明示的な指導，誤り訂正は効果が薄い。
・明示的指導，誤り訂正によって文法形態素の難易度順序を変えることは難しい。
・学習の初期から誤りをほとんどしない文法項目もある。
・学習者の習熟度が非常に高くなったとしても，誤りがすべてなくなるかどうかは分からない。

1. はじめに

　本実験の目的は，明示的文法説明と修正フィードバックが，文法形態素使用の正確さを高めるのに効果的かどうかを調査することである。「一時的効果はあっても，持続できないのではないか」というのが実験前の筆者の予想である。その主たる理由は，第1部で概観したように，言語習得には「習得順序」または「習得困難度順序」というものの存在があるからである。たとえ教室内で行われる外国語学習という人工的な学習環境の下での言語習得であってさえも，各学習者がバラバラな順番で言語の文法項目を習得していくのではないという研究成果が数多くあ

る。特に文法形態素の習得には母語であれ第二言語であれ、自然な習得順序（または、困難度順序）が存在しているという研究成果が1970年代から蓄積されている。文法形態素は語彙的意味の伝達が少ない項目である。「文法的な内容」、つまり産出された文に対して「過去である」「三人称である」「受動態である」といった内容を伝達することが文法形態素の主な働きである。そのような文法領域の習得には習得順序が存在しており、明示的指導で習得順序が変わることはないのではないかと筆者は考える。

また、別の観点から、もしどの文法項目であっても教師が教えれば学習者は覚え、正しく使用できるようになるのであれば、彼らは基本的に教科書で習った順番どおりに文法をすべて覚えていくはずである。しかし、この考えは間違っている。たとえば、a や the といった冠詞は、中学1年生の夏休み前に教科書で学習するが、大学生でも誤りを犯す。同様に、可算名詞の複数形の規則も中学1年生で学習するが、完全に使用できるようになるには時間がかかる。

本章では文法形態素の中でも、動詞に付加する拘束文法形態素 (bound morphemes) に焦点を絞り、それらへの指導効果を調査する。本章では関連する2つの実験結果を「実験A」「実験B」として紹介する[1]。

2. 実験A：指導効果の維持について

2.1 実験Aの仮説の背景

本実験では、(1) で示すように、英語の動詞に関係する、進行形 (ING)、不規則変化の過去形 (IRP)、規則変化の過去形 (RP)、そして三人称単数現在形 (3PS) の4つの文法形態素（拘束形態素）を調査項目として選んだ。この4項目を選んだ理由は、すべて「動詞」とい

---

[1] 本章は、Shibata, Shirahata & Taferner (2013) と Shirahata, Shibata & Taferner (2013b) として口頭発表した内容に、大幅加筆修正を施したものである。また、一部白畑 (2015) とも重複する。

う同一項目に関連する接尾辞（suffix）で，結果が比較可能だと考えたからである。しかも，日本人英語学習者を対象としたこれら4項目の難易度順は多くの研究でほぼ一致しており，「ING ⇒ IRP ⇒ RP ⇒ 3PS」の順番で習得が困難になると主張している実験研究が多い[2]。

(1) a. Kumiko is play<u>ing</u> the piano now. （ING）
　　b. Naoki <u>made</u> a beautiful sandcastle.（IRP）
　　c. Kyoko play<u>ed</u> volleyball with her friends yesterday.（RP）
　　d. Yuji often goe<u>s</u> to India.（3PS）

文法形態素への指導の効果実験に関し，次のような仮説を立てた。すなわち，4文法形態素に対する口頭での明示的な文法形態素の説明と，学習者の書いた英文ライティングへの修正フィードバックは，記憶が鮮明で，意識も当該文法項目に向いている指導直後（つまり，短期的）には効果がある。しかし，数か月後（つまり，長期的）には効果がなくなっている。その結果，直後ポストテストの正答率はプレテストの正答率よりも高くなるが，遅延ポストテストでの正答率は再び低下する。

2.2 　被験者

実験は，2009年9月に開始され，実験群23名，統制群24名，合計47名の大学1年生が参加してくれた[3]。彼らの専攻は英語と関連する分野ではない。一般的な大学生と同様に，本被験者たちは大学入学後，週2回，教養科目としての英語の授業を受けている。この大学では，入学時のTOEICの得点により英語のクラス編成がなされており，クラス内部のTOEICの得点にはほとんど差がなく，平均点は両グループともに約400点であった。

---

[2] Shirahata（1988），Terauchi（1991），寺内（1994）
[3] 両グループともに，クラス人数は30名であったが，すべての指導，テストを受けた人数が23名と24名であった。

2.3 実験の手順

まず，9月の最初の2回の授業でプレテストを実施した。本実験では被験者の英語でのライティングを資料として採用したが，最初の2回の授業で教室内での50分間のライティング（辞書参照可），そして，自宅学習としての150語でのライティングを資料として使った。プレテストを実施した翌週から1週間に1回，4週連続して指導を開始した。1回の指導は20分間ほどの口頭による文法説明であった。加えて，実験者である筆者が被験者の書いた英文エッセイの中で文法形態素の誤りを見つけた場合，それらの誤りを訂正して返却した。

4週間の指導の後，直後ポストテストを実施した。ポストテストとして分析対象となったものは，指導終了後に行われた2回の授業中に書かせた英文ライティングと，その間に宿題として課した英文ライティングであった。そして，指導なしの期間を経て，指導終了の7週間後と8週間後に遅延ポストテストを実施した。

本実験のように，産出してもらいたい統語構造，または文法形態素がある場合，ある程度テーマを指示して英文を書いてもらうようにしなければならない。今回の場合は，「周りにいる親しい人や，先生（白畑）にぜひ紹介したい人について書いてほしい（=3PSの使用）」「高校時代の楽しかった思い出，印象的だった出来事について教えてほしい（=過去形動詞の使用，INGの使用）」「（こちらから写真や絵を配布し）この絵の中の人物や物について描写してほしい（=INGの使用）」といった課題を与えて英文を書いてもらった。それ以外は，何を書いても自由であった。

・プレテスト：第1, 2週
　分析対象：授業中の英文エッセイと宿題の英文エッセイ

⇩

- 指導の実施：第 3, 4, 5, 6 週
  指導内容：各回 20 分間の明示的文法説明と，宿題の英文ライティング内における誤り訂正

⇩

- 直後ポストテスト：第 7, 8 週　　分析対象はプレテストと同様

⇩

- 指導なし（7 週間）：第 7〜13 週

⇩

- 遅延ポストテスト：第 14, 15 週　　分析対象はプレテストと同様

3. 実験 A の結果

　まず，被験者が書いた実際の英文の中で，誤りの箇所だけを抜粋して下に紹介する。英文は被験者の書いた原文のままである。

■プレテストでの英文エッセイ（4 つの形態素の誤り例）
　S1：（高校の修学旅行でロンドンに行った話）
　　Rondon is very beautiful. I spend in Rondon no rain. Weather is very good. Guide is say rare. All food tast is thin. I want to shouyu.
　S2：（高校の時の文化祭の話）
　　I make food when I beome a third grader in my high school and can sell the food.
　S3：（高校の修学旅行で中国に行った話）
　　I stay hotel is they serve excellent dinners at this hotel. I look the Great wall of China. We have eat breakfast at seven.
　S4：（自分の友達を紹介している）

My best friend is Aya. Aya likes fruits, and eat a apple every morning. Aya come from Saga prefecture.
S5：(配布された絵の中の人物について描写している)
This boy is swim very hard. He is tired now. The girl smiles.

表1. 実験群の正答率（( )内は正答数/有効回答数。n=23）

	プレテスト	直後ポストテスト	遅延ポストテスト
ING	90.0%（63/70）	93.6%（73/78）	90.4%（66/73）
IRP	75.0%（87/116）	85.3%（104/122）	75.2%（79/105）
RP	68.1%（62/91）	80.2%（77/96）	72.1%（62/86）
3PS	61.9%（60/97）	70.0%（70/100）	59.3%（48/81）

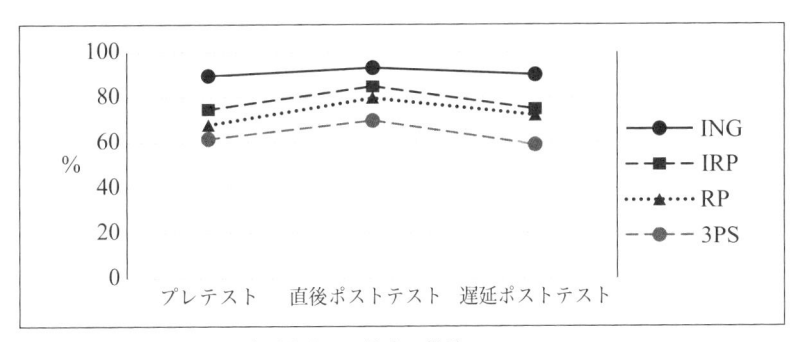

図1. 実験群の4つの文法形態素の正答率の推移

表2. 統制群の正答率（n=24）

	プレテスト	直後ポストテスト	遅延ポストテスト
ING	89.9%（62/69）	91.1%（82/90）	89.8%（79/88）
IRP	72.1%（80/111）	75.9%（85/112）	73.3%（77/105）
RP	67.4%（66/98）	70.9%（83/117）	69.4%（75/108）
3PS	62.2%（56/90）	64.3%（63/98）	60.6%（57/94）

表1と図1は実験群の結果である。本研究目的に関連して，実験結果から大きく次の3点が判明した。
　まず，1点目は，プレテストから直後ポストテストにおいて，4項目すべてで正答率が向上し，統計学的には「天井効果的」な状態になっているINGを除く3項目で有意な差が認められたことである。これは，指導の効果が見られたことを意味する。したがって，筆者の採用した明示的指導，明示的修正フィードバックの方法は，短期的にはそれなりに有効な方法であったと言ってよいだろう。「それなり」という意味は，中学時代に学習している文法項目を，大学生になって，さらに意識させて4週連続教えてさえも正答率が100％にならなかったという意味である。
　2番目として，筆者がこの実験で採用した「明示的指導法＋明示的修正フィードバック」は，長期間（7週間後）効果のある方法ではないことが判明したことである。「プレテスト―直後ポストテスト―遅延ポストテスト」の正答率が，4項目すべてにおいてプレテスト時の水準に戻ってしまっていたのである[4]。
　3番目に，文法形態素の難易度順序は外からの外的指導では変更できないということが判明した。プレテストから遅延ポストテストまでのどのテスト結果でも，終始一貫して，「ING ⇒ IRP ⇒ RP ⇒ 3PS」の順に正答率が悪くなっている。つまり，4つの文法形態素の中で，難易度順は指導を施した後でも変わりがなかったということである。正答率の高低は認められるものの，その難易度順序には変化がなく，正答率が上がるときも下がるときも，体系立っているということである。統計処理の結果でも，テスト間の正答率比較と文法形態素間の正答率比較で，次に

---

[4] 3x4x2の分散分析の結果，テストの主効果が有意であった（$F(2, 90) = 4.30, p = .02$）。また，文法の主効果も有意となった（$F(3, 135) = 28.92, p = .00$）。しかし，交互作用に有意差は見られなかった（テスト・グループ（$F(2, 90) = 0.95, p = .37$），文法・グループ（$F(3, 135) = 0.30, p = .79$），テスト・文法（$F(6, 270) = 0.69, p = .59$），テスト・文法・グループ（$F(6, 270) = 0.25, p = .91$）。グループの主効果もまた，確認されなかった（$F(1, 45) = 1.65, p = .20$）。

示すような有意差があることが判明した[5]。

　［テスト間の正答率比較］
　　直後ポストテスト＞プレテスト
　　直後ポストテスト＞遅延ポストテスト
　［文法形態素間の正答率比較］
　　ING ＞ IRP, RP, 3PS
　　IRP ＞ 3PS

　実験結果を簡単にまとめれば，動詞に関わる４つの拘束形態素への明示的文法説明と修正フィードバックを組み合わせた筆者の教え方は，短期的には効果が発揮できた。しかし，その効果は一時的なものであり，７週間後には消えていた。

4.　実験Ｂ：文法形態素の難易度順について
4.1　実験Ｂの仮説の背景

　実験Ｂでは，実験Ａの結果として４項目中最下位の正答率であった三人称単数現在形（3PS）のみに焦点を当て，この文法項目のみを明示的に徹底的に教えると，習熟度が上がるのか，そして，もし上がった場合，他の文法形態素の習熟度よりも上がるのか，そしてその効果は持続するのかどうか，調査してみた。

　ING，IRP，RP，3PS の４つの文法項目の中で，3PS は最も習得困難な，つまり最も欠落しやすい文法形態素であることが，先の実験Ａの結果からも分かった。しかし，規則的にはごく簡単なものであり，主語の人称が三人称，数が単数，そして時制が現在時制の場合，一般動詞に -s を付与する，というものである。伝達する意味は，「この文は三人称単数現在形の文である」という文法的な意味だけであり，たとえ -s

---

[5] Multiple comparison（Bonferroni）analysis による。

が欠落していても，伝達する意味内容には何ら影響を及ぼさない。

　この文法規則は，大抵の場合，中学校1年生で学習する。日本のすべての大学生がこの規則について「知っている」と言ってもよい。ただし，学習の初期より何らかの理由で落としてしまうことが多い形態素なのである。

　このような文法的な意味内容のみを伝達する機能を持つ3PSを，大学生に再び集中指導し，その存在について意識させると，他の文法形態素の正用率を凌ぐことができるようになるか調査するのが本実験である。筆者は「ならない」と仮説を立てた。なぜならば，「教えればできるようになる」のであれば，習得順序なるものは存在しないことになるからである。教えれば覚えるのであるなら，教科書に出現する順番で覚えていくことになり，そうなれば難しい文法項目や簡単な文法項目など存在しないはずである。しかし，日本人英語学習者は，文法項目を教科書の順番通りに習得していくという実証データはこれまでのところない。

　別の言い方をすれば，言語理論や言語習得理論に基づいて考察すると，困難度順序は極めて強く固定されているもので，外部からの刺激によってではこの順番を変えることができないとの予想が立つ。明示的指導が3PSに集中しても，たとえ短期的には正用率が高くなるかもしれないが，ある一定の期間を過ぎれば元の水準に戻るに違いないと考える。指導直後に正用率が一時的に上昇するのであれば，それは一時的記憶（または短期記憶）のせいであり，本当の「習得」とは関係していないと考える。本実験では，以上の主張が妥当性の高いものであるかどうか調査してみた。

4.2　被験者

　本実験被験者は全員が同じ大学の同じ学部に通う大学1年生である。参加人数は実験群が25名，統制群が24名で，どちらのグループもTOEICの平均得点は約380点であった。

実験Aとは被験者は異なるが，指導の仕方も変えてみた。つまり，被験者の大学生全員が，3PSがどのような文法項目であるのか知っているため，3PSの詳しい説明は第1回目の指導の時間にのみ行い，その他の3回の指導の時間では，問題演習や口頭練習を中心に行った。また，毎回の宿題で書いてくる英文エッセイの中での誤りを指摘することは，実験A同様に行った。

4.3　実験の手順

　実験は2009年9月に開始され，2010年1月までの15週間で実施された。最初の2週間でプレテストを実施した。90分の授業の内，30分ほどを与えて，被験者には，文法形態素を使用しそうな内容を含むトピックを示し，それらについて英語で書くよう指示を与えた。指示の方法は実験Aと類似しているが，過去の楽しかった思い出や先週末に何をしたのか，好きな友達・歌手・アイドル・俳優について，お薦めの映画，本，漫画のあらすじについてなどのトピックを与え，英文を書いてもらった。辞書をひくことは許可されている。また，上と同様の内容にて，150語程度で英文を書いてくる宿題も与えた。

　指導についてであるが，本実験では1週間に1回，4週連続して指導を行った。各回，およそ20分間を費やした。その内容は，3PSとは何かを，簡単にもう一度確認すること（約2分）から始め，3PSに関する文法ドリルを行い，その後で答え合わせをした（約5分）。そして，実験者が用意した写真や絵を使用して，その中に描かれている人物（例：大リーグのイチロー選手やサザエさんのカツオ君）について，ペアを組んだクラスメート（当該の写真や絵を持っていない人）に説明する口頭練習，すなわち，一種のインフォメーション・ギャップ・アクティビティ(information gap activity)を行った（約13分）。

　本授業では，宿題として毎週150語程度で必ず英文エッセイを書くことになっていたため，その英文中に3PSの誤りを見つけた場合は，赤線でアンダーラインを引き，正しい形を横に書き，-sのない形が誤

りであることを強調しておいた。このような指導法を4週間続けたのである[6]。

3PSについての筆者の指導内容としては以下のような話もした。

「3PSは中学生の時に習う文法項目でもあるし，皆さんは全員が3PSについて知っていますね。規則は難しいものではありませんが，大学生になってからもしばしば落としてしまう時があります。また，逆に不必要な個所でつけてしまう時もあります。簡単だからといって，落としやすいので油断できません。」

指導終了後の第7週と8週目に，プレテストと同様の内容で直後ポストテストを実施した。次に，何も指導しない段階として，第7週目から13週まで，7週間の期間を空けた。最終段階の第14週，15週目に遅延ポストテストを実施した。

- プレテスト：第1, 2週
  分析対象：授業中の英文エッセイと宿題の英文エッセイ

⇩

- 指導の実施：第3, 4, 5, 6週
  指導内容：各回20分間，計4回で文法ドリル，タスク，英文エッセイの中の3PSの誤りへの明示的修正フィードバック

⇩

- 直後ポストテスト：第7, 8週　　分析対象はプレテストと同じ

⇩

- 指導なし（7週間）：第7～13週

---

[6] ただし，「英文でエッセイを書いてくること」自体は，本授業内容の一環であるため，指導期間の終了した後でも引き続き宿題として毎週課していた。

⇩

・遅延ポストテスト：第 14，15 週　　分析対象はプレテストと同じ

5. 実験 B の結果

　実験結果を表 3 と図 2 に示す。まず，プレテストと直後ポストテストの結果を比べると，3PS の正用率は 62.4% から 81.5% にまで上昇し，RP と IRP の正用率を抜き ING に続いて第 2 位の位置にまで到達するようになった。しかしながら，遅延ポストテストでは 62.8% まで下降し，再び最下位となってしまった[7]。

　以上の結果から，3PS の正用率は，教師が意識して教え，学習者も意識している間は上昇するが，指導をやめてしまい，学習者も意識を払わなくなると再び下降してしまうことが分かった。つまり，筆者の採用した指導法は，それを続けている限りでは効果がないとは言えないが，いったん中断してしまうと再び元の状態に戻り，上昇した正答率を維持させることはできないということが判明した。

表3. 実験群の正答率 ($n = 25$)

	プレテスト	直後ポストテスト	遅延ポストテスト
ING	90.0%	88.0%	90.0%
IRP	72.7%	78.2%	77.3%
RP	71.6%	73.9%	71.8%
3PS	62.4%	81.5%	62.8%

---

[7] 3PS の正用率のみに統計的有意差がプレテストと直後ポストテスト間（$p = .019$）と，直後ポストテストと遅延ポストテスト間（$p = .022$）で見いだされた。すなわち，medium effect sizes が両方の場合に見いだされた（前者では $r = -.47$ で，後者では $r = -.46$）。

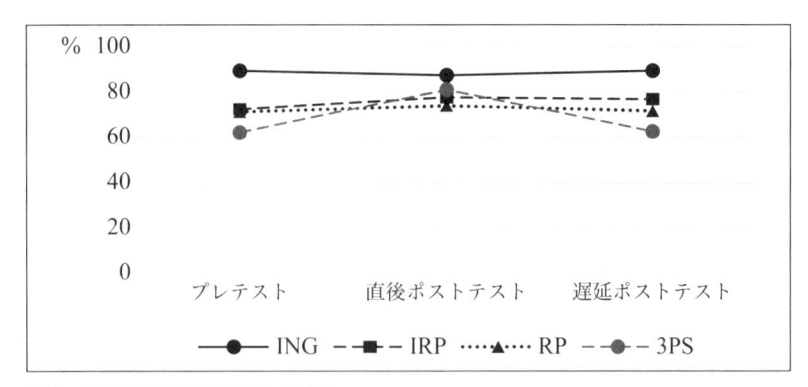

図2. 実験群 3PS の正答率の推移

6. 本章のまとめ

　本章で紹介した実験を通して，文法形態素の習得困難度（または習得順序）にはある一定の道筋があり，その道筋はかなりしっかりしたものであるように感じた。その一定の道筋は，外部から指導を受けている間は崩れやすいが，その指導が中断すると，再び元の安定した順序に戻るようである。第二言語習得のすべての領域，すべての項目に「一定の固定した習得順序」があるとは考えにくい。しかし，少なくともいくつかの領域，特に文法機能を司ることが主となる項目（例：助動詞，時制，限定詞，その他の文法形態素）には「固定された順序」があると仮定してもよさそうである。

　そして，基本的には文法的機能を伝達する項目は，その学習者の全体的な英語能力が上がるにつれて，正しく使用できる割合も上昇してくると思われる。よって，学習者の全体的な英語の習熟度が上がれば，自然と文法形態素が適切に使用できるようになってくるという仮説を本書では立てたい。母語獲得と同様に，第二言語習得においても，各々の学習者が勝手な順序で文法形態素等を習得していくのではなく，順序立てて体系的に発達していく領域が存在するのである[8]。

---

[8] Yoshimura & Nakayama（2009a, b），吉村・中山（2010）等も参照されたい。

しかしながら，本実験結果は教師の明示的指導や修正フィードバックの効果を全面的に否定しているわけではないことは，他章（第1章，3章，5章，7章，8章）の実験結果からも理解できることである。

7. 動詞に関係する文法形態素の指導におけるポイント

本章でも支持したように，少なくとも動詞に関わる文法形態素には一定の困難度順序があるとする説が正しいのであれば，3PSの定着度のみを高めようとはしないことである。「動詞の屈折の学習」という大括りの中で，過去形や三単現の練習を行うのがよいであろう。また，3PSをどの程度つけられるようになっているかは，その学習者の習熟度のバロメータとしても活用できるかもしれない。そして，進行形（ING）の学習にはさほど時間をかける必要はなく，むしろ，be助動詞が正しい形で挿入できているかどうかを確認していくのがよいであろう。

もし，文法形態素が明示的指導や誤り訂正の効きにくい領域であるのなら，それらの定着に関しては，教師は長い目で見守ってやらなければならないと思う。文法形態素は誤りを指摘しやすい項目であるので（よって，リキャストなどがやりやすい），学習者が誤りを犯せば指摘してもよいだろうが，すぐには直らない誤りであることも教師は自覚すべきである。テスト（中間テスト，期末テスト，実力テスト等）においても，生徒の伝えたいことが書けているのかを見たい場合は，文法形態素の誤りには目をつぶるべきである。テスティングポイント（評価ポイント）を明示するなりして，減点する場合だけでなく，減点しない場合もあってよいと思う。

第 3 章
自動詞と他動詞の区別に関する明示的指導の効果

【本実験で検証すること】
- 比較的長期間にわたって明示的指導や修正フィードバックの効果が持続する項目は，語彙的な意味の伝達を主とする項目である。
- 母語に類似した概念がない項目は，形式的難しさというよりも，その概念自体の理解に時間がかかる。
- したがって，ある単一の文法項目であっても，その下位用法により習得の困難度に差が生じる。
- 明示的指導の効果や誤り訂正の効果は学習者の英語の習熟度と関係が深い。つまり，習熟度の高い学習者の方により効果的である。
- 明示的指導の効果や誤り訂正の効果は学習者の認知能力，分析的思考能力と関係がある。つまり，教師の説明を理解できるかどうかと関係がある。
- 今までに十分に教えられてこなかった文法規則，または忘れてしまっている文法規則には明示的指導・誤り訂正が効果的である。
- 明示的に教えたからといって，その瞬間からすべて習得できるようになるわけではない。

1. はじめに

　日本人英語学習者がよく犯す誤りの1つに自動詞と他動詞の混同がある。たとえば，happen のように基本的に自動詞として用いる動詞を，*Tom happened the accident.（「トムが事故を起こした」と言いたい）といったように，誤って他動詞として使用してしまう学習者が少なからずいることが知られている[1]。この混同は大学生になってからも見られる。そこで本実験の目的は，大学生に自動詞と他動詞の区別に関する指導を明示的に与えることで，彼らの理解度を高めることができるかどうか検証することである。そして，その理解は一時的なものではなく，指導終了後にも持続できるかどうか検証する[2]。

　そして，本章での仮説は，本実験に関して学習者が受ける明示的指導は，指導直後の一時的効果のみならず，長期的にも効果があるはずだというものである。その根拠は以下の2点にある。

　1点目は，本実験開始前に，自動詞・他動詞の区別について，被験者の大学生にアンケート調査を行ったのであるが，その結果，彼らには自動詞・他動詞の区別についてほとんど知識がなかったからである[3]。よって，これらの区別を大学生が混同するならば，それは単に当該規則に関する文法知識が欠如していることが原因であって，その規則について明示的に教えれば，その説明を理解できる学習者である限り，両者の相違に気づき，理解することができるはずだと予測する。少なくとも，習得の（または，文法規則を自動化できるようになるための）第一段階

---

[1] Hirakawa (1995), Montrul (2000), Oshita (1997, 2000), Zobl (1989)
[2] 本実験は，近藤・白畑（2015）並びに Kondo & Shirahata (2015) に基づいている。他の章の実験はすべて筆者（白畑）が行ったものであるが，本実験に関しては，半分が近藤先生の実施されたものである。
[3] 自動詞・他動詞の区別について，本被験者たちが少なくとも知識として知っているかどうか，実験群の1つであるB大学1年生23名にアンケート調査を試みた。その結果，23名中，90％近くにあたる20名から，「ほとんど知らない」という回答を得た。さらに，23名中22名から，英語の動詞を分類すると，(i) 主として自動詞構造で使用する動詞，(ii) 主として他動詞構造で使用する動詞，そして，(iii) 両方の用法がある動詞，の3種類に分けられることも知らなかったという回答を得た。両方の用法がある動詞が存在することを知らない学生がこれほど多いとは，筆者としては予想外であった。

として，自動詞・他動詞の区別に気づき，その規則について理解できるようになると考える。

　2点目は，本実験で指導する内容が，文法機能を表示・伝達する機能範疇に関係するものというよりはむしろ，動詞の持つ意味役割に関わる内容のものだからである。このような項目には明示的指導や明示的修正フィードバックが効果的だと筆者は考えている。

　自動詞・他動詞の区別を知らないということに関し，もちろん，本被験者へのアンケート結果から得られた数字や傾向を日本の大学生の平均的傾向として一般化することはできない。後述もするが，本被験者のTOEICの平均得点は400点に届かず，もっと英語能力の高い大学生には，自動詞・他動詞の区別は既知の文法知識である可能性は高いだろう。しかし，一方で，本調査項目に留まらず，大学生であるならば，高校修了時までに学習すべき英文法をすべて身につけている（または，知っている）と考えるのは間違った認識である。

　よって，「はじめに」での記述の繰り返しになるが，日本の大学生への英文法指導に対する意義は大きく2つあると考える。1つは，既知の英文法規則を再確認させ，より意識化させ実際に使えることへと結びつけさせること。2つ目は，不確かになったままの英文法，または未習の英文法規則を教え，既知の知識に変えること。つまり，第二言語習得プロセスの「気づき」と「理解」の段階に刺激を与えることである[4]。本文法項目への明示的指導の意義としては，2番目の理由が当てはまる。

2. 仮説の背景
2.1　英語の動詞の分類
　英語の動詞を自動詞，他動詞という観点から分類すると，(1) に示

---

[4] もちろん，すべての大学生を「英文法の知識を自動化できる段階」にまで導くことが望ましいが，しかし，「全員の最低ライン」という点から考えれば，英語でのコミュニケーション能力の土台となる必要最低限の英文法知識を「知っていて，理解できている段階」にまで到達させることが大事なのではないだろうか。

すように，「自動詞として使用される動詞」，「他動詞として使用される動詞」，そして「自他両用の動詞」の3種類に分類できる[5]。さらに，自動詞は，「非対格性の仮説」に従い，「非対格動詞」(unaccusative verb) と「非能格動詞」(unergative verb) に細分できる[6]。

(1) 英語の動詞の自他動詞別区分

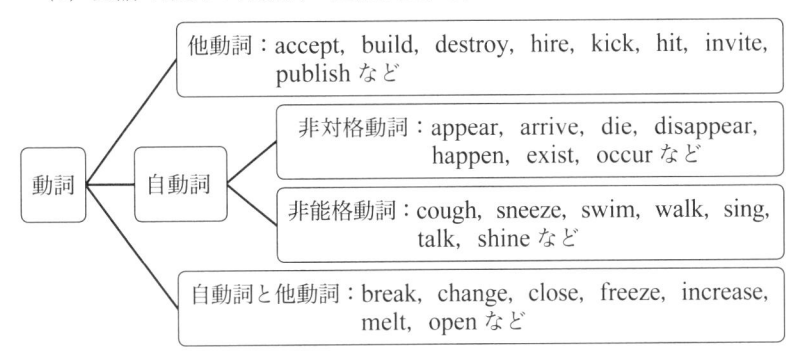

動詞
- 他動詞：accept, build, destroy, hire, kick, hit, invite, publish など
- 自動詞
  - 非対格動詞：appear, arrive, die, disappear, happen, exist, occur など
  - 非能格動詞：cough, sneeze, swim, walk, sing, talk, shine など
- 自動詞と他動詞：break, change, close, freeze, increase, melt, open など

本研究での調査対象項目は，appear, arrive などの非対格動詞である。非対格動詞は自動詞であるため，後ろに目的語を取らない。したがって，(2a, b) は文法的であるが，(2c, d) は非文法的文となる。（ ）内は表現したい意味である。

(2) a. Koji appeared suddenly.
 （孝司が突然現れた）
 b. The sun appeared from behind the clouds.
 （太陽が雲間から現れた）

---

[5] 影山 (1996)，影山（編）(2001)
[6] 非対格動詞とは，自動詞の一部で，その項が「主題」(theme) を表す内項として基底で生成されるものをいう。たとえば，The cloud appeared. / The door suddenly shut. などの文において，主語の the cloud や the door は「動作主」とは感じられないことが分かるであろう。一方で，非能格動詞は項を1つしか取らないことは同じであるが，項が「動作主」(agent) を表す外項として，元々主語の位置に基底生成されると理論的に仮定されている。

c. *The magician disappeared the building.
   　（その手品師は建物を消した）
   d. *The clouds disappeared the moon. 　（雲が月を隠した）

　初級から中級レベルの日本人英語学習者の多くが，(2c) や (2d) の英文を見せられると「適格」であると容認もし，またこのような英文を産出もする。今回の明示的指導では，こういった英文は「不適格」であることを，動詞の自動詞・他動詞に焦点を置き，実例を出し，不適格な英文構造（つまり，否定証拠）を提示することで教え，指導終了後もその効果が持続できるかどうか調査する。

2.2　日本語からの転移の可能性

　本実験では，appear, arrive, happen, fall, disappear という5つの非対格動詞を実験に使用した。第二言語習得を研究する場合，常に日本語（母語）からの影響という要因を考慮に入れなければならないことは第1部で述べたとおりである。つまり，母語からの負の転移が原因で習得が遅延したり，正の転移のために習得が促進されたりする可能性があるということである。これら5つの動詞に相当する日本語の表現を表1にまとめる。

表1. 日英語での自動詞・他動詞の比較

自動詞		他動詞	
日本語	英語	日本語	英語
現れる / 姿を現す	appear	―	―
着く	arrive	―	―
起こる	happen	起こす	―
落ちる	fall	落とす	―
消える / 姿を消す	disappear	消す	―

英語の自動詞 appear に相当する日本語の自動詞は「現れる」である。(3) に示すように，appear も「現れる」も，それらに相当する他動詞はどちらの言語にもない[7]。(3b), (3d) の意味を表現したいのであれば，別の動詞や統語構造を使って言い表すしかない。たとえば，(3b) では，"The magician made a rabbit appear from the box.",(3d) では，「手品師がウサギを箱から取り出した」という表現になる。

英語の自動詞 arrive に相当する日本語の自動詞は「着く」である。(4) で示すように，英語には arrive に対応する他動詞形がないのと同じく，「着く」に対応する他動詞形は日本語にはない。そもそも，そのような概念が存在しないからである。

(3) appear と「現れる」
 a. A rabbit appeared from the box.
 b. *The magician appeared a rabbit from the box.
 c. ウサギが箱から現れた。
 d. *手品師がウサギを箱から現わした。

(4) arrive と「着く」
 a. Mary arrived at the station.
 b *Tom arrived Hanako at the station by car.
 c. メアリーが駅に着いた。
 d. *トムが車で花子を駅に着かせた。

---

[7] 自動詞「現れる」の他動詞形に関し，日本語では「現わす」という言い方がないわけではない。しかし，その用法は極めて限定されている。たいていの場合，「姿を現わす」または「正体を現わす」という言い方でのみ使用される。そして，この場合の「姿」「正体」は，常に主語と同一人物を指している。要するに，この「姿」は主語の再帰形として，主語を強調するために使用されているのである。実際，『明鏡国語辞典』(2010年，大修館書店) などの国語辞書によれば，他動詞の「現わす」は「太郎が姿を現わす」といった表現の時のみに使用される限定用法である，と書かれている。「太郎が姿を現わす」は「太郎が現れる」と同じ意味なのである。よって，「太郎が姿を現わす」は [太郎が][姿を現わす] という統語構造として捉え，"Taro appears." と同じであると考える。したがって，本書では真の意味での「現れる」の他動詞形はないという立場を取る。

一方，上記の 2 つの動詞とは異なり，英語の happen, fall, disappear には他動詞形はないが，(5d)，(6d)，(7d) で示すように，日本語での相当語句は存在する。

(5) happen と「起こる/起こす」
　a. A car accident happened.
　b. *Tom happened a car accident.
　c. 自動車事故が起きた。
　d. トムが自動車事故を起こした。

(6) fall と「落ちる/落とす」
　a. The snow fell from the roof.
　b. *Taro fell the snow from the roof.
　c. 雪が屋根から落ちた。
　d. 太郎が雪を屋根から落とした。

(7) disappear と「消える/消す」
　a. A tiger disappeared.
　b. *The magician disappeared a tiger in front of the audience.
　c. トラが消えた。
　d. 手品師が観客の目の前でトラを消した。

　もし，本被験者である大学生たちが，母語（日本語）の影響を受けて英語動詞の意味をとらえているようならば，最初から（つまり，プレテストの時から），appear と arrive の*DP-V-DP 構造は不適格であると適格に判断しやすいが，happen, fall, disappear の*DP-V-DP 構造の不適格性は判断しにくいと予想する[8]。
　しかしながら，本明示的指導で，日本語と英語の自動詞と他動詞を対照させて説明することにより，この日本語からの影響は徐々に薄れ，

happen, fall, disappear の*DP-V-DP 構造の不適格性も次第に正しく判断できるようになっていくのではないかと推測する。類似した語を使用しながらも，日本語と英語の自動詞・他動詞には違いがあるのだということを意識させるのに明示的指導が役に立つと考える。

3. 実験

3.1 被験者

　実験は 2013 年 9 月より開始された。本調査には，実験群として A 大学（22 名）と B 大学（23 名）の大学生が合わせて 45 名，統制群として C 大学から 28 名が参加した。彼らの英語の習熟度は，Oxford Quick Placement Test（2001）では，平均点 32.6 点（60 点満点中最高点 43 点；最低点 26 点）で，TOEIC の成績では平均点 380 点（最高点 390 点；最低点 370 点）であったため，「初級から中級レベルの英語力を持つ学習者」と判断した。

3.2 実験の手順

　実験群への明示的文法指導は，3 週間にわたり 3 回連続して行われ，どの回も 25 分程度実施された。A 大学と B 大学での指導者は異なるが，同じ資料を使用し，同じ内容で指導を行った。3 回ともその回に強調する箇所を変えた。指導内容を以下の「資料 1，2，3，4」に示す。これらの資料は被験者全員に配布された。

　まず，第 1 回目の指導では，「資料 1」を使用し，英語の動詞は目的語を後ろに取るか否かで，「自動詞」と「他動詞」に分かれること，そして，英語の動詞は (a) 自動詞用法の動詞，(b) 他動詞用法の動詞，(c) 自動詞・他動詞両用法の動詞，の 3 タイプに分類できること，さらに，動詞別の構造の相違について説明した。

---

[8] 第 2 部 1 章で見てきたように，DP とは determiner phrase（限定詞句）のことで，［this man］や［the woman］などの句のことを指す。

資料1　第1回目指導用資料①（抜粋）[9]

- 動詞には自動詞，他動詞という区別がある。
  自動詞は目的語を取らない，他動詞は目的語を必要とする。
- 英語の動詞を目的語の有無という観点から分類した場合：
  a. 自動詞用法のみの動詞：NP-V（NP が V する）
     The accident happened.（事故が起きた）
     *Mary happened the accident.（メアリが事故を起こした）
  b. 他動詞用法のみの動詞：NP-V-NP（NP が NP を V する）
     Tom kicked the cat.（トムが猫を蹴った）
     *Tom kicked.（トムが蹴った）
     *The cat kicked.（猫が　?）["The cat was kicked."が正しい形]
  c. 自動詞・他動詞用法両方ある動詞：NP-V/NP-V-NP（NP が V する・NP が NP を V する）
     自動詞・他動詞用法両方ある動詞は，自動詞の主語が他動詞の目的語に対応する。
     The door suddenly closed.（ドアが急に閉まった）
     Someone closed the door.（誰かがドアを閉めた）

　次に，具体的にどのような動詞が各動詞タイプに含まれるのか，日本語の対応動詞が記載されている「資料2」を提示しながら，1つずつ説明していった。本研究では，自動詞（非対格動詞）の理解に焦点を当てているが，動詞の持つ統語構造を体系的に理解するためには，他動詞用法の動詞，そして自他両用動詞の説明も合わせてする必要があると考え，それらの説明も含めた。ただし，実際の実験ではその指導の効果を

---

[9] 被験者に配布した資料では，the accident や Mary などの「限定詞句」を NP と表記した。従来通りの「名詞句（NP）」とした方が被験者（大学生）には分かりやすいと考えたからである。

調べることはしなかった。

資料2　第1回目指導用資料②（抜粋）[10]

```
a. 自動詞用法のみの動詞
   a-1. 存在・発生・消滅を表わす動詞
       appear（現れる），arrive（到着する），happen（偶然起こる，
       生じる），fall（落ちる），disappear（消える）
   a-2. 意図的・生理的な行為や活動を表わす動詞
       work（働く），play（遊ぶ），speak（話す），talk（話す），
       smile（ほほえむ），swim（泳ぐ），walk（歩く），jog（ゆっ
       くり走る），quarrel（口喧嘩する）
b. 他動詞用法のみの動詞
   kick（〜を蹴る），hit（〜を打つ），scrub（〜をこする），wipe（〜
   をふく），praise（〜をほめる），scold（〜をしかる），put（〜
   を置く）
c. 自動詞・他動詞用法両方ある動詞
   break（壊れる／〜を壊す），collapse（崩壊する／〜を崩壊さ
   せる），open（開く／〜を開ける），close（閉まる／〜を閉める）
```

　また，2回目の指導では，自動詞，他動詞の実際の使用法について，例文を用いて説明した。具体的な説明内容は，以下の「資料3」に載せてあるとおりである。たとえば，自動詞 appear についての説明は，「自動詞 appear は，日本語で「〜が現れる，〜が出現する，〜が姿を見せる，等」の意味を持ち，"A man suddenly disappeared in the doorway." のように，「主語＋動詞」の構造を持つ。動詞 appear の後ろの目的語位置にある in the doorway は，場所を示す修飾語であり，省略するこ

---

[10] 影山（2001：16-17）に基づく

とができ，こういう語句は目的語ではない。また，appear は "Mt. Fuji appeared." のように物を主語に取ることが可能である」というように，「資料3」に載せた例文に基づき，動詞の使用について1つずつ説明していった。

資料3　第2回目指導用資料（抜粋）

a. 自動詞用法のみの動詞
　（重要事項）物を主語にしてでも使うことができる。
・appear［自］　現れる，出現する，姿を見せる
　　A man suddenly appeared (in the doorway).
　　（男の人が突然戸口に現れた）［人が主語の場合］
　　＊A magician suddenly appeared a man (in the doorway).
　　［目的語を取れない］
　　Mt. Fuji appeared.（富士山が見えてきた）［物が主語の場合］
・happen［自］　偶然起こる，生じる
　　The accident happened (on Tuesday morning).
　　（その事故は火曜日の朝に起こった）［物（出来事）が主語の場合］
　　＊Tom happened the accident.［目的語を取れない］
b. 他動詞用法のみの動詞
・accept［他］　～を受ける，～を受け取る，～を受け入れる
　　The publisher accepted my manuscript.
　　（出版社は私の原稿を受けてくれた）［目的語が必要］
　　＊The publisher accepted.［目的語がない］
　　＊My manuscript accepted.［本来目的語の役割を持った名詞句が主語になっているため，目的語がない］
・destroy［他］　～を破壊する，～を滅ぼす
　　The earthquake destroyed the city.
　　地震がその街を破壊した。［目的語が必要］

> *The earthquake destroyed. ［目的語がない］
> *The city destroyed. ［本来目的語の役割を持った名詞句が主語になっているため，目的語がない］

　最終回の3回目の指導では「資料4」を使い，自他両用動詞の使用法について，前回と同様に例文を用いて説明した。

資料4　第3回目指導用資料（抜粋）

> c. 自動詞・他動詞用法両方ある動詞
> ・break ［自］　壊れる，割れる ［目的語を取らない］
> 　　My camera broke.（カメラが壊れた）
> 　　　［他］　〜を壊す，〜を割る ［目的語を必要とする］
> 　　Someone broke my camera.（誰かがカメラを壊した）
>
> ・open ［自］　開く ［目的語を取らない］
> 　　The magician waved his hand and the door opened.
> 　　（魔法使いが手を振ると扉が開いた）
> 　　　［他］　〜を開ける ［目的語を必要とする］
> 　　Someone opened the door.（誰かがドアを開けた）

　以上3回の指導は通常授業の一部として行われ，残りの時間はA大学，B大学ともに，リーディングを中心とする総合英語の授業であった。被験者たちは，この3回の指導時間外で自動詞について指導を受けている可能性は低く（本研究の指導者2名は，25分間の指導時間以外で上記の項目を扱っていないのに加えて，実験終了後に実施したアンケート調査の結果からも他の授業で説明があったとは考えにくいため），本研究の指導以外の効果の影響はないものと考える。

- プレテスト：第1週　文法性判断テスト

⇩

- 指導の実施：第2, 3, 4週
  指導内容：「資料1, 2, 3, 4」を利用して，日本語の構造と対照させながら，英語の自動詞・他動詞に関する明示的指導。各回25分

⇩

- 直後ポストテスト：第5週　文法性判断テスト

⇩

- 指導なし（4週間）：第5〜8週

⇩

- 遅延ポストテスト：第9週　文法性判断テスト

3.3　実験で用いたテスト問題（例）

　実験群に対して，プレテスト，明示的指導終了1週間後の直後ポストテスト，5週間後の遅延ポストテストの計3回，自動詞と他動詞の構造理解に関する文法性判断テストを実施した。統制群に対しての文法性判断テストは，調査の最初と最後の2回実施した。テストで使用した動詞は，(8) に載せるように，錯乱文で使用した5つの動詞を含め10種類である。

(8) 実験で使用した動詞
　a. 自動詞（非対格動詞）：
　　 appear, arrive, happen, fall, disappear
　b. 他動詞（錯乱文の動詞として）：
　　 accept, destroy, invite, hire, respect

錯乱文に使用した動詞についてであるが,自動詞（非対格動詞）とは逆の文法構造パターンを持つ他動詞5種類を使用した。(8) の10種類の動詞が,文法的な文と非文法的な文でそれぞれ2回ずつ,合計4回ずつ使われた。したがって,テスト問題は全部で40問（10個の動詞×4文）となった。

各設問では,(9) と (10) のように,まずテスト文である英文の内容状況を説明する文が日本語で提示され,参加者に文脈を把握してもらう。そして,その後に英文が提示される。被験者は英文の下線部が文法的か非文法的かを判断し,解答用紙の所定欄に○を付ける。どうしてもわからない場合には「わからない」という選択肢を選ぶことも許可されている。「わからない」という回答は「誤答」として処理することにした。

(9) 今日は午前中曇っていたが,午後になって天気がよくなった。
It was cloudy in the morning, but the sun appeared from behind the clouds in the afternoon. （　○　）
（注. from behind the clouds：雲の陰から）

(10) さっきまで雲がたくさんあって月が見えなかったが,今は強い風のせいで月が見えるようになった。
*It was cloudy, but the strong wind appeared the moon from behind the clouds. （　×　）

プレテストから遅延ポストテストまで,3回実施するテスト文は,英文の難易度を同じに保ったまま,日本語の状況説明文や,差し障りのない程度に名詞,形容詞などを変更した。また,出題の順番もその都度変えた。テスト問題は全4ページ,1ページ10問ずつで,同じページに同一の動詞が2回以上現れないように工夫した。回答時間に制限を特に設けなかったが,全員が20分前後で回答し終えていた。また,被験者には,一度回答した問題には戻らず,次に進むように指示を与えた。

4. 実験の結果
4.1 全体的な結果

実験結果を表2と図1に示す。表2には，実験群と統制群のDP-V構造と*DP-V-DP構造における正答の平均点，そして（　）内には標準偏差を載せた。自動詞のDP-V構造は，「文法的」を選んだ場合の正答となり，自動詞の*DP-V-DP構造は「非文法的」を選んだ場合に正答となる。各構造タイプで10問ずつテスト文があるため，すべて正しい答えを選択すると10.00点となる。

表2. 非対格動詞への明示的指導の結果（平均点，（　）内は標準偏差）

テスト	プレテスト		直後ポストテスト		遅延ポストテスト	
被験者群	実験群 (n=45)	統制群 (n=28)	実験群	統制群	実験群	統制群
DP-V	8.67 (1.73)	8.46 (1.17)	9.56 (1.15)	実施せず	9.42 (1.09)	8.57 (1.57)
*DP-V-DP	7.49 (2.19)	6.25 (2.31)	7.53 (2.80)	実施せず	8.47 (2.07)	6.04 (2.91)

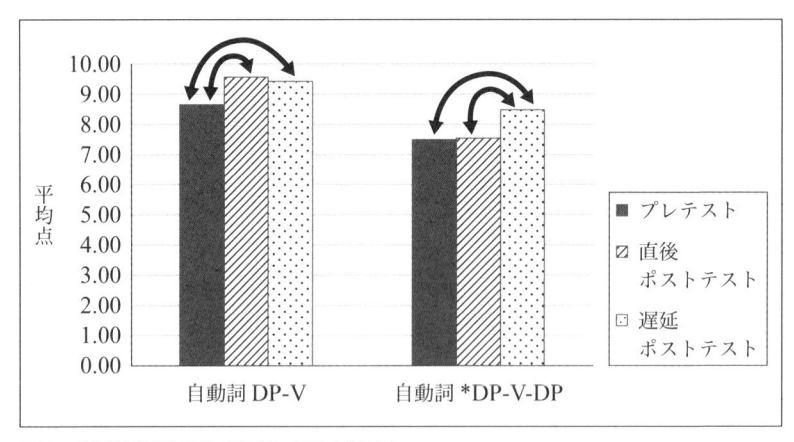

図1. 実験群の平均点の推移（10点満点）

実験群と統制群別に，3回もしくは2回のテストの結果について反復測定による分散分析を行った（有意水準 $\alpha = .05$）。その結果，(11) と (12) で示すように，実験群の DP-V 構造において，プレテストと直後ポストテストの間（$p = .017$）と，プレテストと遅延ポストテストの間（$p = .003$）の両方に有意差があった。また，*DP-V-DP 構造において，プレテストと遅延ポストテストの間（$p = .007$）と，直後ポストテストと遅延ポストテストの間（$p = .002$）にも，それぞれ有意差があった（75 ページの図 2 も参照）。

　一方，統制群では，DP-V 構造，*DP-V-DP 構造のいずれの平均点においても，プレテストと直後ポストテストの間に有意差はなかった。つまり，明示的文法指導を受けなかった統制群の平均点は，実験の最初と最後で変わらなかったということである。

　これらの結果を総合すると，本実験者が行った自動詞・他動詞に関する明示的文法指導は，指導直後のみならず，その後も（少なくとも5週間は）有効な方法であることが判明した。

(11) DP-V 構造
　　 プレテスト ＜ 直後ポストテスト
　　 プレテスト ＜ 遅延ポストテスト

(12) *DP-V-DP 構造
　　 プレテスト ＜ 遅延ポストテスト
　　 直後ポストテスト ＜ 遅延ポストテスト

4.2　動詞別の正答率の推移

　次に，母語からの転移について分析するために，動詞別に正答率がどのように推移していったかを考察してみよう。表 3 は各動詞別の，実験群の正答率と正答数の全結果である。本実験では，それぞれの動詞は同じ統語構造で 2 度テストされ，実験群の人数は 45 名だったため，最

表3. 実験群の正答率と正答数（ /90問, $n = 45$）

	DP-V			*DP-V-DP		
	プレテスト	直後ポストテスト	遅延ポストテスト	プレテスト	直後ポストテスト	遅延ポストテスト
appear	87.8% (79)	96.7% (87)	97.8% (88)	85.6% (77)	77.8% (70)	87.8% (79)
arrive	78.9% (71)	92.2% (83)	88.9% (80)	88.9% (80)	91.1% (82)	88.9% (80)
happen	84.4% (76)	95.6% (86)	95.6% (86)	67.8% (61)	71.1% (64)	85.6% (77)
fall	92.2% (83)	97.8% (88)	95.6% (86)	60.0% (54)	63.3% (57)	75.6% (68)
disappear	88.9% (80)	95.6% (86)	93.3% (84)	72.2% (65)	71.1% (64)	85.6% (77)

大正答数は90となる。統計処理の結果，テスト間と動詞間で有意差が見られた[11]。また，テスト，統語構造，動詞間には交互作用が見られた。

各動詞の正答率がプレテスト，直後ポストテスト，遅延ポストテストでどのように変化していったか見てみよう。まず，図2に示すように，DP-V構造における動詞別結果を見ると，arriveとhappenでは，実験群の被験者はプレテストよりも直後ポストテストと遅延ポストテストの両方で正答率が統計的に有意に上がっていた。他の3つの動詞では有意差は見られなかった。

次に，図3は，動詞別の*DP-V-DP構造での正答率の変化を示す。happen, fall, disappearが動詞として使用される場合，実験群の被験者はプレテストと直後ポストテスト時よりも遅延ポストテストでより正確に判断した。一方, appearとarriveではテスト間で有意差はなかった。

---

[11] 3 ways repeated measures ANOVAs を使用した。

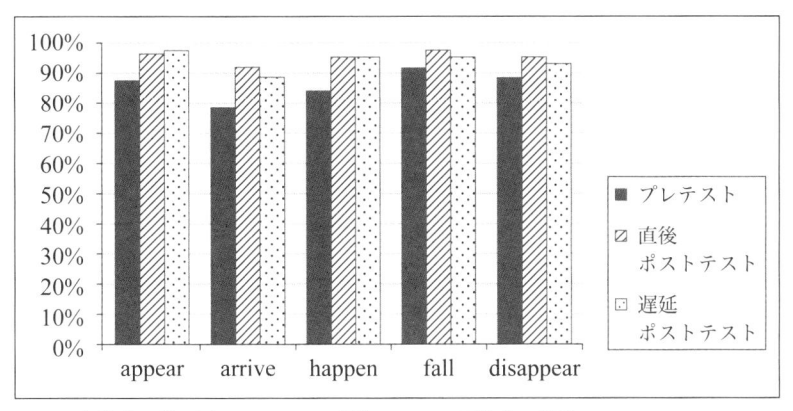

図2. 実験群の動詞別によるDP-V構造における正答率の推移

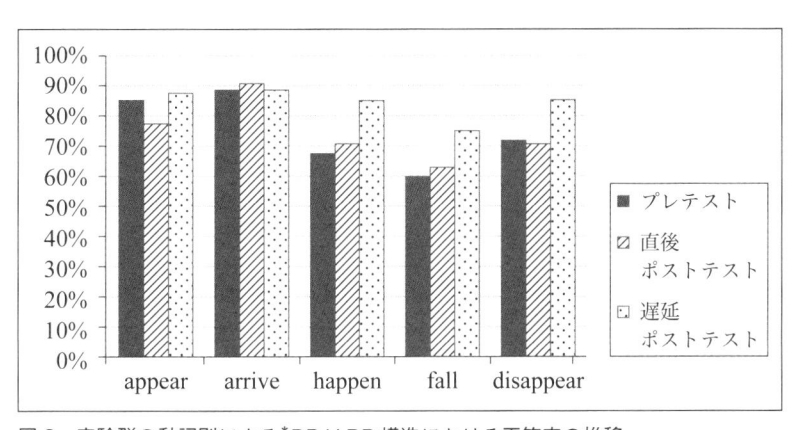

図3. 実験群の動詞別による*DP-V-DP構造における正答率の推移

　以上の結果を総合して考察してみたい。母語からの負の転移への明示的指導の効果について，本実験では次の予想を立てた。すなわち，日本語からの転移のため，プレテストでは*DP-V-DP構造におけるhappen, fall, disappearの正答率はappearとarriveに比べて低くなる。しかしながら，明示的指導の効果により，日本語と英語の自動詞・他動詞の相違に学習者が気づき，*DP-V-DP構造でもhappen, fall, disappearの正答率は上昇する。

この予想は実験により支持されたと言ってよいだろう。表4は実験群のプレテスト時の*DP-V-DP構造の動詞別正答率を比較した結果である。日本人英語学習者には，appearとarriveよりもhappen, fall, disappearがより難しかったのである。この結果は，母語からの転移が働いているためであると結論づけられる。

表4. プレテスト時の*DP-V-DP構造の動詞別による正答率の比較

	appear	arrive	happen	fall	disappear
自動詞	現れる	着く	起こる	落ちる	消える
他動詞	―	―	起こす	落とす	消す
プレテスト	85.6%	88.9%	67.8%	60.0%	72.2%

表5に載せたように，happen, fall, disappearの正答率は，指導後上昇する。これは，明示的文法指導の効果であると考える。1つ興味深いことには，指導をしなくなって5週間経った時点で実施した遅延ポストテストでの正答率の方が直後ポストテストでの正答率よりも高くなっている点である。規則を内在化するのに時間がかかるためなのであろうか，さらに考察を重ねる必要がある。

表5. *DP-V-DP構造におけるhappen, fall, disappearの正答率の推移

	プレテスト	直後ポストテスト	遅延ポストテスト
happen	67.8%（61）	71.1%（64）	85.6%（77）
fall	60.0%（54）	63.3%（57）	75.6%（68）
disappear	72.2%（65）	71.1%（64）	85.6%（77）

（（　）内は正答数）

5. 本章のまとめ

　本研究では，大学生に英語の自動詞（非対格動詞）構造について明示的な文法指導を施し，指導直後の効果と指導終了から 5 週間後の効果を調べた。実験結果より，実験群の全体的な傾向として，指導終了 5 週間後でも，なお自動詞の構造理解に効果が持続していることが判明した。すなわち，指導前に比べて，指導 5 週間後の方が DP-V 構造を適切であると，そして *DP-V-DP 構造を不適切であると判断できる割合が有意に高くなっていたのである。一方で，明示的指導を受けなかった統制群では，2 回のテスト間で平均点に差が見られなかった。

　また，実験群，統制群の両方で文法的な DP-V 構造より非文法的な DP-V-DP 構造の正答率の方が低かった。つまり，本研究の被験者がどちらの構造も文法的に正しいと判断しているということであり，自動詞を自他両用動詞のように誤って理解している学習者がいることを示唆する。

　筆者たちが施した 3 回の指導時間の合計は 1 時間余りであった。この時間を長いというか，短いというかは難しい問題であるが，今回の指導方法で英語の自動詞構造の理解に効果が見られたのは，日本の英語教育では，中学校，高校時代に本研究で取り上げたような動詞の統語構造の違いについて体系的に指導を受けてこなかった，また，たとえ指導されていたとしても，学習者がその内容についてほとんど覚えていなかったためであると考えられる。

　今回実施した 3 回の明示的指導を通して，被験者の大学生たちは自動詞と他動詞の構造の違いを知ることとなり，なにが適切な構造であり，なにが不適切な構造であるかに「気づき」そして「意識」するようになり，それが文法構造の「理解」につながったと考えられる。もちろん，ある文法規則に気づいたからといって，それが必ずしも「習得」につながるとは限らない。しかし，まずは習得への第一段階として，学習者が文法規則に気づき，理解することが必要であることはすでに繰り返し述べたことである。不十分な文法知識に対する明示的指導は，少なく

ともこの「気づき」と「理解」に効果があることを示している。

学習者が意識して理解した知識は最終的に内在化し，自動化した知識になるという仮説のもとに立てば，本研究で行ったように，中学，高校の英語教育では十分に理解できていなかった文法規則を，大学生になってからもう一度体系的に説明を受けることは学習者には有効に働き，英語能力の向上につながるのではないかと考えられる。この意味において，明示的文法指導は大学生にも有効であると結論づけたい。

6. 自動詞と他動詞の区別の指導におけるポイント

本実験では，最初に日本語からの転移がプレテスト時に生じていることを見た。明示的指導の前では，本被験者は，happen, fall, disappear といった，日本語に他動詞形が存在する動詞の解釈に困難を生じる傾向にあり，大学生たちはこれらの動詞を他動詞構造の中で使用してもそれが正しいと判断した。したがって，教師はまず，多くの日本人英語学習者が，英語の自動詞と他動詞の区別が何であるのか知らないという事実を認識すべきである。よって，国語の時間を含め，人間が使用する動詞というものには，「目的語がないと文が成立しない動詞」と「目的がなくても文が成立する動詞」があることを，「日本語で例を出して」明示すべきである。英語を理解するために，もっと積極的に日本語を利用することを本章でも勧めたい[12]。

次に，教師が英語の動詞の意味を教えるとき，「(主語) が～」「(目的語) を～」を上手に活用したり，その動詞を使用した例文を必ず示し，自動詞か他動詞かを中学生や高校生には比較的無意識的に，大学生には意識的に指導したりすることも大事である。

特に，他動詞の場合，accept「受け入れる」，build「建てる」，destroy「壊す」といったような訳語を提示するのではなく，accept「～を受け入れる」，build「～を建てる」，destroy「～を壊す」といったよ

---

[12] 桒原（2015）も参照されたい。

うに,「を」格(や,場合によっては「に」格)を付与して教えるべきである。そして,必ず例文も一緒に提示し,後ろに目的語が必要であることを強調すべきである。

　さらに,英語での非対格動詞の場合,無生物が主語になり得ることも強調すべきである。本章で何度も出てきたが,無生物を主語とする表現が発達していない日本語を母語とする私たちは,感覚的に,主語になるものが自分の意志でその動詞の行為をするのだと思っている。よって,意志のない無生物は能動的にそのような動詞の行為をすることはできないと考える。たとえば,英語で earthquake(地震), accident(事故), heart attack(心臓発作)といったものが主語の位置に来ると,そのものの意志では動くことはできないから,それらのものは「何か(誰か)によって起こされている(is occurred)」と考えてしまうのではないか。その際に,やはり日本語の例を出して説明するのがよいと思う。つまり,「地震が起こった」「事故が起こった」「心臓発作が起こった」というように,日本語でも能動的に表現していることを強調すべきである。「日本語でも受動態にはならないし,英語でもならない」ことを指導していただきたい。

　最後に,自動詞・他動詞の誤りの主要原因の1つは,教師がこれまでに「教えていなかったから」という事実を確認しておきたい。動詞の下位範疇化規則(自動詞,他動詞,両用動詞の区別)を,学習者はよく理解していないために誤り続けてきたこと,そして,本規則は現在完了形や関係代名詞の規則と同じくらい重要な規則であることを教師自身が自覚しておきたい。

第4章
名詞の単数形・複数形に関する明示的指導の効果

【本実験で検証すること】
- 母語に類似した概念がない項目は，形式的難しさというよりも，その概念自体の理解に時間がかかる。
- 当該文法項目の内部規則の複雑さが明示的指導，誤り訂正の効果に影響を与える。
- ある単一の文法項目であっても，その下位用法により習得の困難度に差が生じる。

1. はじめに

本実験では，日本人英語学習者を対象に，英語の名詞複数形への明示的指導と修正フィードバックの効果について取り上げる[1]。筆者の仮説では，名詞の複数形の習得は明示的指導の効果が出にくく，日本人学習者にとって最も習得困難な文法項目の1つである。その主な根拠は以下の3点である。

　①文法的機能のみを伝える規則である。
　②名詞複数形の規則の内部構造，特に不可算名詞（uncountable noun）の規則が複雑である。
　③日本語には名詞の複数形がない。

---

[1] 本実験の前半部は，白畑・横田（2013）に基づいている。

大学生から収集した名詞複数形に関する本実験データは，明示的文法指導が学習者の文法知識を確実なものにするのに効果的かどうかについて興味深い事実を提供してくれそうである。つまり，本実験結果は，学習者の習熟度，文法項目，その他の特性の相違により，文法指導が（比較的）効果的な場合と，そうでない場合があることを裏づけてくれる。

　本実験の被験者たちにとって普通名詞（common noun）の複数形の規則は，中学1年生で学習し，その後，高校修了までの6年間，教科書の中で幾度となく目にしてきた文法項目である。しかし，物質名詞（material noun）の複数形に関する規則になると，後述するが，教科書からのインプットは極端に低くなっている。そこで，本実験では，インプット量の少なかった物質名詞の複数形について，その規則を大学生に集中的に指導した場合の効果を，普通名詞の複数形への指導の効果と比較して考察することにした。

2. 仮説の背景
2.1 英語の名詞複数形について大学生の「知っている」こと

　形態的に，日本語には英語と同質の複数形はない。つまり，名詞の形を変化させて複数形にすることはない。また，複数形という概念そのものも日本語には強く反映していない。「木々」や「生徒たち」のような複数を現わす言い方はあるが，これらの規則は他の名詞に必ずしも当てはまるわけではなく，その用法に制限がある。たとえば，「山々」とは言うが，「川々」とは言わない。「たち」は「大人たち」のように，人間を基本に「生きているもの」に使用するが，生き物であっても，擬人化しない限り，その構造が人間から遠くなればなるほど「たち」をつけない。よって，「蚊たち」や「ゴキブリたち」という言い方は普通ではない。

　また，数量詞をつけた場合でも，「3冊の本」というように，「本」の部分には屈折変化を何も加えない。もちろん，日本語母語話者に限らず，人間は物の数を数えるわけで，そのような意味からすれば日本人も複数形の概念がないわけではないが，我々は英語の文法的な複数形規則につ

いて，新たに学習する必要がある。

　本実験と並行して，今回の研究対象となる名詞複数形の規則について，被験者となった大学生にアンケート調査を実施した。その結果を総合すると，彼らの英語の複数形についての知識の実情は以下のようであることが判明した[2]。

- 名詞の複数形に関する規則は，中学校である程度習い，高校でも習った覚えがある。
- 英語では，2つ以上のものに言及する場合，名詞を複数形にする必要がある。
- 可算名詞（countable noun）の複数形には2種類ある。1つは規則的に -s をつけるもので，もう1つは不規則に形を変えるものである。
- 英語の名詞には可算名詞と不可算名詞がある。後者には複数形の標識である -s をつけない。
- どの名詞が不可算名詞なのか，また不可算名詞をどのように複数形にするのかはよく分かっていない。

　この結果より，本被験者たちは，普通名詞の複数形については明示的知識があるものの，不可算名詞（特に物質名詞）についての知識は不十分であることが判明した。これをそのまま受け取れば，可算名詞の複数形はある程度正しく使用できるが，不可算名詞はできない，ということになる。しかし，「知っていること」と「適切に使用できること」とは別である。このような状態にある大学生に，英語の可算名詞と不可算名詞（本章では物質名詞）の複数形について，明示的指導と修正フィードバックを試みた。

---

[2] 2011年10月，本実験のプレテストを実施した後に，引き続き同一の被験者たちに英語の複数形についてどの程度知っているのか，10分程度で終了するアンケートを実施した。

2.2　英語の名詞：5種類の分類

　上述したが，英語の名詞を「1つ，2つと勘定できる」という観点から分類すると，「数えられるものとして分類される名詞」と，「数えられないものとして分類される名詞」の2種類に分類できる。英語で，「数えられるもの」としての扱いを受ける名詞を可算名詞，「数えられないもの」としての扱いを受ける名詞を不可算名詞と呼ぶ[3]。さらに，可算名詞は，一般的な人や物を表す普通名詞（例：apple, desk）と，同じような性質を持つものが集まった集合体を表す集合名詞（例：family, class）に分けられる。どちらの名詞類も語尾に規則的に -s を付加する規則複数形と，そういった規則的変化をしない不規則複数形の2種類に区分できる。

　一方，不可算名詞は3種類に下位区分できる。つまり，世の中に1つしかないものを指す固有名詞，目で見たり手で触ったりできないものの概念を表す抽象名詞，そして定まった形を持たない物質名詞である。以上の内容を視覚化して（1）に示す。

（1）英語の名詞の分類

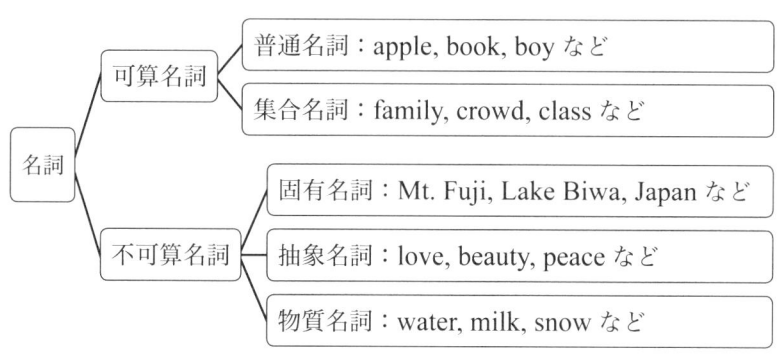

```
                 ┌─ 可算名詞 ┬─ 普通名詞：apple, book, boy など
                 │           └─ 集合名詞：family, crowd, class など
        名詞 ────┤
                 │           ┌─ 固有名詞：Mt. Fuji, Lake Biwa, Japan など
                 └─ 不可算名詞┼─ 抽象名詞：love, beauty, peace など
                             └─ 物質名詞：water, milk, snow など
```

　この分類中，本実験では，普通名詞（可算名詞）と，物質名詞（不可

---

[3] 安井（1996），杉山（1998），宮川・林（編）（2010）

算名詞）を取り扱うことになるため，両者について以下でもう少し詳しく解説する。

2.3　英語の普通名詞の複数形

まず，普通名詞の単数形であるが，普通は単独で用いられず，前に a, an, one, this, that, the, 所有格などの限定詞を付加する。一方で，複数形の場合は限定詞を付加しない形（つまり，ゼロ限定詞）で，主語，目的語，補語などとして使用できる[4]。

英語の学習者としてまずしなければならないことは，英語ではどの名詞のどの意味が可算名詞として使用されているのかを学習することである。その際，日本人の一般的な判断と合致している場合もあるが，合致していない場合も少なからずある。日本語母語話者の感覚からすると，なぜこの名詞が普通名詞ではなく物質名詞なのかと思うようなものもある。たとえば，chalk や paper などは，*three chalks, *100 papers という表現は英語でも適切であるような印象を受ける[5]。それ以外にも，(2) にあげる名詞などは，通常，英語では不可算名詞として扱われるが，日本語では可算名詞的な意味合いで（つまり，1つ，2つと勘定できるような名詞として）使用されている。

(2) a. news：　緊急のニュースが3本続いた。
　　b. rice：　米3粒が床に落ちていた。
　　c. furniture：　この部屋には大きな家具が2つある。
　　d. advice：　いつも太郎は僕に適切なアドバイスをたくさんくれる。

---

[4] 安井（1996），久野・高見（2009）
[5] ただし，paper が「紙」ではなくて，「書類」「研究論文」などの意味で用いられる時は複数形が可能である。

2.4 英語の物質名詞の複数形

物質名詞とは，一定した形を持たず，通常，ものを構成する材料になるものを表す名詞のことで，不定冠詞 (a, an) をつけることができない，複数形にしないという特徴がある[6]。具体的には，(3) にあげるような名詞が物質名詞の代表である。

(3) a. ［金属］gold, silver, iron, copper など
 b. ［液体］water, wine, blood, oil, rain など
 c. ［気体］air, gas, smoke, oxygen など
 d. ［材料］wool, cotton, wood, timber など

前述したが，日本語を母語とする学習者にとって厄介なことの1つは，「英語では何が物質名詞として取り扱われているのか」ということを学習しなければならないことである。そして，普通名詞同様，ここにも，はっきりと割り切れる規則はないようである[7]。

さらに，基本的には物質名詞であっても，時には普通名詞と同じように用いられる名詞もある。たとえば，thread や string などは普通名詞として用いられる時もある。また，(3c) の「気体」は目で見たりできないため，普通は物質名詞として扱われるが，気体であっても wind や breeze などは普通名詞に分類されている。このような区別は論理的ではないため，1つ1つ記憶していくしか方法はないようだ。

名詞複数形の複雑性はこれだけではない。(4a) は普通名詞に分類される名詞であり，(4b) は物質名詞に分類される名詞である。ここでも，この両者の区別にまったく論理性を感じさせない。たとえば，同じ「荷物を入れて運ぶもの」であるのに，bag や suitcase は普通名詞だが，baggage や luggage は物質名詞である。同様に，「影」を意味する

---

[6] 杉山 (1998), 宮川・林（編）(2010)
[7] 久野・高見 (2009)

shadow は普通名詞で，shade は物質名詞である。

(4) a. 普通名詞： bag, suitcase, blade, leaf, sheet, towel, shadow
    b. 物質名詞： baggage, luggage, grass, ivory, linen, shade

　英語の名詞複数形の規則にはさらに複雑なものがある。物質名詞を例にとれば，それらの中には，同一の語であっても，違う意味で使用されると普通名詞として扱われるようになるものがある。たとえば，stone（石材／小石），light（光／明かり），fire（火／火事），paper（紙／新聞）など。このあたりの複雑さの段階になると，インプット量が十分ではない教室での学習者が，暗示的学習で無意識に単数／複数の規則を学習し，自動的に使用できるようになることはほぼ不可能なのではないか。習得の第一段階として，複数形の規則を明示的に教えることが有効であると考える。

2.5　物質名詞の複数の表し方

　物質名詞の別の特徴として，それらには一定の形や量がないため，どれだけで1つであるか決められないということがある。よって，複数やたくさんの量を表そうとする際には，(5) で示すように，two glasses of water といった表現が使用される。つまり，水そのものを数えるという発想ではなく，「水が入ったグラスがいくつあるか」というグラスの数をもって複数を表しているのである。ここでは，「グラスの数が複数あること」に重きを置いており，水の数を表しているのではないことに注意しなければならない。

(5) 物質名詞の複数の表し方例
    a. two glasses of water
    b. three cups of tea
    c. four pieces of cake

2.6 中学校の教科書に現れる複数形とその説明

　平成 18 年度版開隆堂中学校英語検定教科書 *Sunshine English Course*（以下，*Sunshine*）において，名詞の複数形は 1 年生の Program 4 で初出する[8]。それは，(6) のような brothers, tents, boys, girls といった可算普通名詞である。その後，教科書本文中に現れる名詞複数形は sleeping bags, ideas などで，少なからず現れる。しかし，(7) で示す不可算名詞の登場は Program 8 が初出で，それは a lot of energy である。この課では，a lot of solar panels と対比した形で載せられている。

　一方で，中学校の英語検定教科書に載せられる複数形に関する文法記述は意外なほど淡白だという印象を拭えない。たとえば，*Sunshine* では，1 年生の「文のしくみ (2)」(p.39) に，(8) に記す記述があるだけである。それ以外では，巻末の「文法のまとめ」の箇所で，(9) に載せる説明がなされているのみである (p.102)。もっとも，もう少し正確に記せば，複数形の説明だけが少ないのではなく，他の文法説明も意図的に詳しく載せていないのが最近の教科書の特色でもある。

(6) a. I have two brothers.（Program 4-1 の目標文）
　　b. No, we need two tents.（Program 4-1 の本文中）
　　c. One is for the boys and the other is for the girls.（同上）

(7) 不可算名詞：1 年生 Program 8 より
　　Yuki: It has a lot of solar panels.
　　Daisuke: That's right. It gets a lot of energy from the sun.

(8) 2 つ［2 人］以上のことを表す表現（複数形）
　　1. 語尾に -s をつける　a book → two books
　　　　　　　　　　　　　a boy → three boys

---

[8] 本被験者たちの使用していた時代の英語教科書ということで，平成 18 年度版を分析した。

　　　　2. 語尾に -es をつける　a box → three boxes
　　　　3. 語尾の y を i に変えて -es をつける　a city → two cities

(9) 英語と日本語の大きな違いのもう1つは，英語では数えられる名詞（たとえば，dog や book）と数えられない名詞（たとえば，water や tennis）を区別します。数えられる名詞を使うときには，単数形と複数形をきちんと区別します。日本語の名詞には，単数形と複数形の区別がないので注意が必要です。たとえば，日本語で「私は犬を飼っています」と言いますが，犬が1匹かどうかはあえて言いません。英語の場合には，次のように区別します。
　　　I have a dog. / I have two dogs.

　複数形に関するこれ以上の記述は1年から3年までの教科書のどこにも記載されていない。調べた限り，このような傾向は他の英語検定教科書もほぼ同様であった。
　それでは，上記 (5) で見た「物質名詞の複数の表し方例」は，高校の教科書ではどの程度扱われているのだろうか。平成21年度版開隆堂高等学校英語検定教科書，*SUNSHINE English Course I, II* を調査した結果を下の表1に示す。高校生が受ける英語インプットは，もちろん教科書の英語だけからではないが，表1からも高校3年間で目にする物質名詞の量は，まったくないわけではないが，習得を促すためには決して十分とは言えないだろう。つまり，教師からの明示的説明がない限り，高校の教科書のインプットだけから物質名詞に関する規則を十分に習得することは難しいと言わざるを得ない。

　以上の論考より，本研究で探求すべきリサーチ・クエスチョンは，「きわめて複雑なルールを持ちながらも中学校，高校の教育現場ではあまり比重が置かれていない名詞複数形の規則，特に物質名詞に関して，もう一度大学生に明示的説明を施し，修正フィードバックを与えた場合，彼

らの理解度や正用率は上がるであろうか」とする。筆者の仮説は「上昇することは難しい」である。以下では，この課題追求のための実験方法とその結果を見ていく。

表1. 高校の英語教科書 *SUNSHINE English Course I, II*（平成21年度版）における「物質名詞の複数の表し方」タイプ別頻度

タイプ	頻度	教科書での実際の表現
a glass of	2	a large glass of water, a glass of milk
a cups of	3	another cup of coffee, a cup of coffee
a piece of	8	a piece of chalk, a piece of chocolate cake, a piece of equipment, pieces of dried seaweed, the separate pieces of information
a sheet of	0	なし
a slice of	3	slices of pork cutlet *gyudon*, boiled slices of beef and onion, two slices of toast
a bowl of	1	a bowl of rice
a pair of	9	a pair of socks, a pair of pajamas, a pair of sneakers, a pair of high heeled shoes, a pair of gloves

3. 実験

3.1 被験者

実験群として，当初32名の大学1年生を候補としていたが，すべてのテスト，すべての指導を受けた被験者数が最終的に28名になった。よって，この28名を実験群とした。彼らの大学入学時のTOEICの平均得点は368点であった。統制群として，同程度のTOEICの平均得点（372点）を持つ同数の大学1年生の集団を作った。

3.2 実験の手順

 2011年の後学期（9月下旬開始）に本調査が行われた。テストの回数は3回で，まずプレテスト（10月第1週目）を行い，3度目の指導が終了した日に直後ポストテスト（10月第4週目）も行った。そして，その11週間後に遅延ポストテスト（2012年1月第3週目）を実施した。3回のテストでは，どの回も調査する名詞以外の名詞，動詞，形容詞，副詞等を変えただけで，残りは同じ内容であり，どの回とも同質の問題を提示するように心がけた。試験時間はどの回も最大40分間であった。被験者には一度回答した問題には戻れない旨を伝えてあった。実験で使用した名詞を以下にあげる。

(10) 出題された名詞：
 a. 普通名詞（規則形10語）
  apples, birds, books, dogs, houses, knives, lakes, leaves, teachers, trees
 b. 普通名詞（不規則形10語）
  carp, children, feet, fish, men, mice, oxen, phenomena, sheep, teeth
 c. 物質名詞（20語）
  beef, blood, bread, butter, cake, cash, chalk, gold, grass, meat, oil, paper, rain, salt, sand, smoke, soap, tea, water, wine

 英語の名詞複数形の説明を，大学の1回の講義時間（90分）のうち，半分近くの40分を費やして3回連続して行った。よって，指導にあてた時間は合計120分となる。このように，今回の明示的指導の時間は，他の実験の場合と比較して長いものとなった。その原因は，上述してきたように，名詞の複数形の規則がきわめて複雑であるため，時間をかけなければ説明が十分にできなかったからである。
 第1回目の授業時に，まず40分間かけてプレテストを行った。続い

て，その後の 40 分間で，名詞の単数形と複数形についての最初の明示的指導を行った。その内容は，基本事項の確認から始めた。つまり，83 ページの（1）を利用しながら，英語の名詞には可算名詞と不可算名詞があること，可算名詞は普通名詞と集合名詞とに分かれ，不可算名詞は固有名詞，抽象名詞，物質名詞に分かれることを説明し，それぞれに当てはまる名詞を 3 つずつ，合計 15 語紹介した。そして，可算名詞か不可算名詞かは，理屈では割り切れない場合も多く，日本語的な発想とは必ずしも同一ではないことも強調した。次に，その 15 語を含んでいる英文を 5 回，教師の後に続いて音読させた。そして，残りの時間を使って（第 1 回目は 5 分ぐらいであった）問題演習を行い，複数形の誤りに対して修正フィードバックを与えた。

翌週の第 2 回目は，まず，前回の復習を兼ねて，（1）をプリントアウトした資料を配布し，名詞複数形の基本をおさらいした。次に，前回の 15 語に加えて，今回は，普通名詞と物質名詞をそれぞれ新たに 20 語ずつ加え説明を施した。特に，物質名詞の複数の表し方を強調した。その後，問題演習を行い，複数形の誤りに対しては修正フィードバックを与えた。

第 3 回目の明示的指導内容は，第 2 回目の指導とほぼ同じであるが，相違点としては，解説の時間を減らし，物質名詞の数をさらに増やし，問題演習と答え合わせの時間を増やしたことである。

3 回の指導は主に物質名詞の説明と演習で，全体の 75％の時間を費やしたと言える。これだけの時間をかけたのであるから，たとえプレテストでの正答率が普通名詞より低くても，ポストテストでは普通名詞の正答率よりも高くなっている可能性もあるだろう。この件も興味深いリサーチ・クエスチョンである。なお，統制群には，名詞複数形に関して明示的指導も処置も何も行わなかった。

- プレテスト：第1週　下線部完成問題
  結果を確認の後，明示的指導方針を決定

⇩

- 指導の実施：第2, 3, 4週
  指導内容：英語の名詞複数形の規則の説明を各回約40分。各範疇に属する具体的な名詞を例示しながら，可算名詞と不可算名詞の違いを説明。関連する英文の音読，問題演習と修正フィードバック

⇩

- 直後ポストテスト：第5週　プレテストと同形式

⇩

- 指導なし（10週間）：第5～14週

⇩

- 遅延ポストテスト：第15週　プレテストと同形式

3.3　実験で用いたテスト問題（例）

1回のテストで，普通名詞20問，物質名詞20問に答えてもらった。それ以外にも錯乱文（20問）が用意されていた。

●日本語の意味と同じになるように，下線部分に英語を補ってください。

普通名詞（合計20問）：規則複数形（10問）と不規則複数形（10問）

1. John has three dogs .
   ジョンは犬を3匹飼っている。
2. We see a lot of sheep over there.
   向こうにたくさんのヒツジが見える。

3. John has only three teeth .
　　　　ジョンは歯が 3 本しかない。
物質名詞（合計 20 問）
　　1. I drank a lot of water   last night.
　　　　私は昨夜水をたくさん飲んだ。
　　2. We don't have much rain in this February.
　　　　この 2 月はたくさん雨が降らない。
　　3. I bought five pieces of chalk .
　　　　私はチョークを 5 本買った。

4. 実験の結果

　表 2 に実験群の結果を，表 3 に統制群の結果を載せる。まず，両者のプレテスト結果を見ると，TOEIC の平均得点 370 点前後の学習者群では，物質名詞の複数形の習熟度が，20 点満点中，実験群で 6.36 点，統制群で 6.46 点ときわめて低く，本被験者たちはこの領域における知識が欠落したまま大学生になっていることが明らかとなった。

　次に，3 回のテストをとおして言えることは，実験群では，普通名詞，物質名詞ともに，プレテスト，直後ポストテスト，そして遅延ポストテストの間にそれぞれ有意差があったことである[9]。つまり，直後ポストテストの成績の方がプレテストよりも良く，遅延ポストテストの成績は直後ポストテストの成績よりも有意に下がっていたが，プレテストの成績よりも遅延ポストテストの成績の方が上であった。この結果から言えば，本実験で採用した明示的指導法は一定の効果があったのかもしれない。

---

[9] 普通名詞は，1% 水準で有意な主効果が見られ（$F(2, 54) = 27.456$, $MSe = 2.351$, $p < .01$），多重比較（Bonferroni）の結果，5% 水準で，「プレ＜直後ポスト＜遅延ポスト」，そして，「プレ＜遅延ポスト」であった。物質名詞でも，1% 水準で有意な主効果が見られ（$F(2, 54) = 53.262$, $MSe = 1.694$, $p < .01$），多重比較（Bonferroni）の結果，5% 水準で，「プレ＜直後ポスト＜遅延ポスト」，「プレ＜遅延ポスト」であった。

しかし，素点で言えば，20点満点のテストで，普通名詞の平均点は，「13.93 ⇒ 16.96 ⇒ 15.39」であったが，物質名詞は，「6.36 ⇒ 9.93 ⇒ 7.82」であった。この物質名詞の平均点は，普通名詞と比較してかなり低いと言わざるを得ない。物質名詞でもプレテストよりも明示的指導後では有意に平均点が上がってはいるものの，非常に低いレベルで推移していると言える。

また，統制群の成績であるが，普通名詞において，遅延ポストテスト（14.04点）は他の2回のテスト（プレテスト：14.54点，直後ポストテスト：14.79点）と有意差があった（つまり，成績が下がっていた）が，物質名詞では各テスト間に有意差はなかった。以上の結果から，指導を行わなかった統制群の平均点は両名詞ともに上昇しておらず，実験群の成績が変動したのは明示的指導の効果であることが判明したのである。

表2. 実験群の平均得点（20点中。（ ）内は標準偏差）（$n = 28$）

	プレテスト	直後ポストテスト	遅延ポストテスト
普通名詞	13.93 (4.04)	16.96 (2.01)	15.39 (4.61)
物質名詞	6.36 (4.61)	9.93 (5.38)	7.82 (5.21)

表3. 統制群の平均得点（$n = 28$）

	プレテスト	直後ポストテスト	遅延ポストテスト
普通名詞	14.54 (3.73)	14.79 (3.54)	14.04 (3.80)
物質名詞	6.46 (4.72)	6.64 (4.78)	6.43 (4.69)

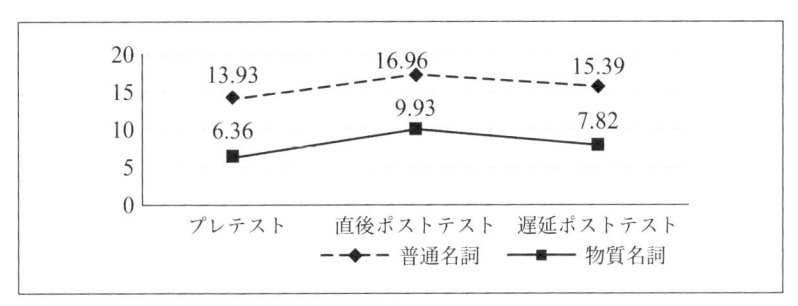

図1. 実験群の平均得点の推移

5. 本章のまとめ

　以上の結果を整理すると，本実験で採用した明示的文法指導の効果は短期的にはあると言ってよく，指導終了から11週間後にもないとは言えないという結果になった。しかしながら，物質名詞の複数形の成績について言えば，20点満点で，平均点が直後ポストテスト：9.93，遅延ポストテスト：7.82にまでしか上昇しなかった。この事実を真摯に受け止めれば，依然として半分以上で間違いをしているわけで，効果が本当にあったとは言えないのではないだろうか。

　3回の合計指導時間であった120分間の内の90分間を物質名詞の指導に費やしたにもかかわらず，この程度の上昇率しか望めないということは，やはり，物質名詞そのものの理解，そしてその複数形の理解は日本人英語学習者にとって難しい，と言えるのではないか。また，単一の文法項目（名詞複数形）で，この程度の効果を生むためだけに120分間も費やしたことを考えると，日本における外国語としての英語教育環境では，名詞複数形に関連する明示的文法指導の有効性を再検討する必要があるとも言える。

　学習者の習熟度の観点から議論すれば，本実験群のTOEICの平均得点が368点で，一般的な基準に照らし合わせれば彼らの英語能力は決して高いものではない。TOEICの得点が400点前後の学習者にとって，実験者が実践した物質名詞に関する規則の説明が複雑すぎて消化しきれ

ない内容だった可能性も十分に考えられる。つまり，説明が難しすぎたこと，一気に知識を詰め込み過ぎたことなどがあげられる。一方で，相対的に単純な規則を当てはめるだけで処理できる普通名詞の複数形を意識化させることは，習熟度のそれほど高くない学習者に対しても比較的容易なことだと推測される。以上のことから，文法を明示的に指導することの有効性は，学習者の習熟度と大きく関連してくるという仮説が本実験からも立てられる。

　さらに，ある文法項目を学習するといっても，名詞の複数形の諸規則のように，その規則内に複数の下位規則が存在する場合，それらの下位規則間では習得の難易度に差があることも判明した。

6. 名詞複数形の指導におけるポイント

　現実問題として，中学校における名詞複数形，特に物質名詞に関するインプット量および明示的説明は少なく，高校の教科書においても物質名詞に関する規則を習得するにはインプット量が十分に確保するのは難しいであろう。たとえ複数形の表現を間違って使ったとしても，話し手（または，書き手）の伝えようとする意味が誤解されるほどには重要な文法項目ではないこともその一因であろう。このような学習条件下で，英語の名詞複数形を日本語母語話者が教室内で学習する場合，教師は以下のような指導過程を念頭に置くのが望ましいのではないだろうか。そして，一般の学習者には「学習過程2」までの学習で十分であることを筆者は提言したい。

a. 学習・教授過程1（中学校段階）：可算名詞を中心とした学習

　英語の名詞には，1つ，2つと数えられる名詞（可算名詞）と，そのようには数えられない名詞（不可算名詞）があることを知る。数えられる名詞は，語末に -s をつけたり，語形態を変化させたりして複数形であることを表すので，どの名詞がどのような変化形を持つのか覚える。数えられない名詞にはそのようなことをしないことも学習する。

b. 学習・教授過程 2（高校・大学段階）：不可算名詞を中心とした学習

　可算名詞では集合名詞（collective noun）についての理解をさらに深める。不可算名詞については，物質名詞と抽象名詞についての理解を深める。物質名詞では，-s をつけない方法で複数を表すことができることを学習し，主要な表現形式を使用できるように練習する。

c. 学習・教授過程 3（さらに深く英語を学習したい人のみ）

　「学習過程 1」と「学習過程 2」に書かれている規則は，「おおよその規則」であって，例外が数多く存在することを理解し，使用できるように学習する。

第5章
比較表現に関する明示的指導の効果

【本実験で検証すること】
- 規則の内部構造が単純な項目は明示的指導・誤り訂正が効果的である。
- 母語に同じ概念・構造が存在する項目は明示的指導・誤り訂正が効果的である。
- 規則の内部構造が複雑な項目は明示的指導・誤り訂正の効果が少ない。
- 反復練習が効果的な項目もある。

1. はじめに

　本実験では，高校1年生と大学1年生を対象に，英語の比較表現における明示的指導の効果について考察する。高校1年生には中学時に学習する規則変化の比較表現を対象に，大学1年生には，さらに複雑な不規則変化の比較表現を明示的に指導した結果について報告する。

　形容詞や副詞の程度の差を表す表現を比較表現と言い，その程度に応じて変化し，原級，比較級，最上級表現となる。そして，中学校で学習する英語の比較表現は，(1)〜(3)に示すものが中心となる。

(1) 原級（as ... as）
　a. John is as old as Ken. 　（形容詞）
　b. Ken runs as fast as Tom. 　（副詞）

(2) 比較級①　(-er than)
　a. Mary is older than Tom.　　（形容詞）
　b. Mary runs faster than Tom.　（副詞）

　　比較級②　(more ... than)
　a. Football is more popular than baseball in Europe.　（形容詞）
　b. The new robot can move more quickly than the old one.
　　　　　　　　　　　　　　　　　　　　　　　　　　（副詞）

(3) 最上級①　((the) -est)
　a. Ken is the tallest boy in the class.　（形容詞）
　b. Ken runs fastest of the five boys.　（副詞）

　　最上級②　((the) most)
　a. This is the most interesting mystery book I have ever read.
　　　　　　　　　　　　　　　　　　　　　　　　　　（形容詞）
　b. This robot can move most quickly in the laboratory.　（副詞）

2. 実験A：高校生への明示的指導における効果について
2.1 実験Aの仮説の背景

　高校1年生にとって比較表現の習熟度を上げるのに何が障害となるであろうか。まず,「比較する」という概念であるが,日本語にも「比較」の概念が存在する。したがって,学習者は「比較」を新しい概念として習得する必要はない。そうなると,課題となるのは英語での「適切な形」ということになる。

　日本語では,(4)で示すように,比較を表す方法は,原級では「〜と同じくらい…」,比較級では「〜より…」,そして,最上級では「一番〜」「最も〜」といった言い方を使用する。形容詞や副詞が語形変化することはないし,比較表現が形容詞・副詞別に2種類に区分されてい

るわけでもない。ある意味，とても単純な形式であるとも言える。

(4) a. ケンはトムと同じくらい背が高い。 〈原級〉
　　b. ケンはトムより背が高い。　　　　〈比較級〉
　　c. ケンはクラスで一番背が高い。　　〈最上級〉

　一方，英語では，原級は as ... as で表し，形容詞や副詞自体は変化しない。そして，比較級と最上級ではそれぞれ 2 種類の異なる形式が存在する。すなわち，-er than/(the) -est の形式を取る「屈折比較」と，more than/(the) most の形式を取る「迂言比較」である。2 種類の分類であるが，一般的に，「単語の音節が長くなると more/(the) most 形式になる」と言われている。しかし，この規則への例外や，両方の形式を許容する形容詞・副詞（例：often, common, pleasant）もあり，結局はどの形容詞・副詞がどちらの形式を取るのかを 1 つずつ覚える必要がある。
　1 つずつ覚える必要があるのならば，繰り返し練習することで比較表現の形を定着させることができるのではないか。そのように予測した。そのため，高校 1 年生に対する明示的指導では，「意味のある文脈の中で」繰り返し練習する教え方を選択しようと考えた。

2.2　被験者
　上記の予想が妥当性のあるものかどうか確認するために，2010 年 9 月に，その後に本調査の被験者となってもらう静岡県内の県立高校 1 年生 34 名を対象に，比較表現がどれだけ身についているか，まずプレテストを実施した。A 高校は，いわゆる「進学校」と呼ばれる学校ではない。被験者の生徒は「特進科」などと呼ばれるクラスに属していたわけでもない。大学への進学率は 40〜50% 程度とのことである。

2.3 実験の手順

プレテストは口頭テストではなく筆記テスト（空所補充問題）で行った（104ページの2.4を参照）。調査する比較表現は，上記（1）～（3）に示した，原級，2つの比較級，2つの最上級の5項目である。被験者たちは，中学校で3年間，高校で半年間の英語学習者であることを考慮して，まだ学習していない，もしくは十分に身についてはいないと考えられる形容詞は出題しないことにした。その結果，（5）に示すように，屈折比較の形容詞が9つ，迂言比較の形容詞が7つ選ばれ，合計16種類の形容詞をテスト問題として出題することにした。

したがって，「5項目×16種類 ＝ 合計80問」がテスト問題数であるが，それに加えて比較表現について調査していることを被験者にできるだけ悟らせないために，錯乱文を30問混ぜたため，質問数は合計で110問と少々多くなった[1]。回答時間は最大50分間であった。今回は副詞に関わる比較表現は含めず，形容詞のみを調査対象とした。また，スペリングの誤りも「誤り」として正答率を算出した。

(5) プレテストに使用した形容詞
   a. 屈折比較（9）：big [large], cold, easy, long, tall [high], rich, short, small, strong
   b. 迂言比較（7）：beautiful, difficult, famous, interesting, popular, useful, wonderful

プレテストの結果は表1のようになった。この表からも分かるように，本被験者において，原級（as ... as）が最も正答率が高く，その次に屈折比較の比較級（-er than）と最上級（the -est）が続き，迂言比較の比較級（more ... than）と最上級（the most）が最も正答率が低いことが判明したのである。

---

[1] 錯乱文には，関係代名詞節，受動態，to 不定詞，現在完了形の構造を問う質問を入れた。

表1. 高校生の比較表現のプレテスト結果 (n = 34)

項目	as ... as	-er than	the -est	more ... than	the most
正解率	72.2%	59.7%	57.1%	47.3%	43.1%

さらに詳しく被験者の回答を分析すると，調査前の予想通り，「形式の混乱」による誤りが多数見出された。それらの例を (6) に被験者の書いた原文のまま紹介する。

(6) プレテストでの学習者の誤り例 (tall, beautiful, interesting の場合)
   a. 原級：as ... as (as tall as)：as taller as, seme tool to, as tall as than, same toller
   b. 比較級①：-er than (taller than)：toller the, the taller than, tallest in, tallest, more than tall, high more than, the highest than, as tolled as, as taller as, as tall as, highest than
   c. 比較級②：more ... than (more interesting/beautiful than)：most interesting than, beautiful than, beautifuler than, more than beautiful, beautiful than, the beautiful, more beautiful
   d. 最上級①：the -est (the tallest)：the most tallest, big, tolest than, tallest, highest, the best highest, tallest of, tallest over, most tall than, the highter than, most tallest, must toled, the most tall
   e. 最上級②：the most (the most interesting)：most interesting, an interesting book the best, interesting more much, a book more interesting, the book the best interesting, interesting best of all

一方，誤りの中で，「無回答」というものは非常に少なかった。要す

るに,「正確さに欠けている」誤りが多数を占めており,中学校で学習する比較表現の習得の困難さは,その形の混乱に起因していると言っても差し支えないだろう。

　上記の仮説を前提に,身近な題材や話題を利用することで,学習者(高校生)にとって興味をもって取り組めるタスク活動を考え,口頭反復練習と,英語を正しく書くことができるようになるための活動もあわせて行う指導法を取り入れ,明示的文法指導を行うことにした[2]。指導時間は,授業開始時のウォームアップ代わりに,毎回10分間程度,週3回,3週間(合計9回,90分程度)続けることにした。本調査は2010年9月半ばに開始され,明示的指導終了1週間後の直後ポストテスト(2010年10月)と,20週間後(2011年3月)に遅延ポストテストを実施した。また,統制群として別の高校に依頼し,特別な指導をしない被験者群を設けた。

　口頭反復練習では,静岡県C市にあるA高校の周囲の自然(山,川,池)や有名な建造物の高さ／長さ／美しさの比較,他市との人口／面積などの多さや大きさの比較,好みの芸能人やスポーツ選手の比較などを利用した比較表現練習をふんだんに取り入れた活動を行った。

・プレテスト:第1週　　空所補充方式

⇩

・指導の実施:第2,3,4週
　指導内容:タスク活動,口頭反復練習,明示的文法指導を毎回10分間
　　程度,週3回,3週間(合計9回,90分程度)

⇩

・直後ポストテスト:第5週　　空所補充方式

---

[2] 実際の指導は,A高校で教鞭を執る筆者の知り合いのB先生にお願いした。

⬇

・指導なし（15 週間）：第 5～19 週

⬇

・遅延ポストテスト：第 20 週　　空所補充方式

2.4　実験 A で用いたテスト問題（例）（下記の順番に出題したわけではない）

●日本語の意味に合うように，（　　　　　）の中に適切な英語を入れて文を完成させてください。記入する英単語の数は同じ数ではありません。

<u>原級　as ... as</u>

1. This picture is (as beautiful as) that one.
　　（この写真はあの写真と同じくらい美しいです）
2. Godzilla is (as strong as) King Kong.
　　（ゴジラはキングコングと同じくらい強い）

<u>比較級①　-er than</u>

1. Tenryu River is (longer than) Ohta River.
　　（天竜川は太田川よりも長い）
2. Godzilla is (stronger than) Mechagodzilla.
　　（ゴジラはメカゴジラよりも強い）

<u>比較級②　more than</u>

1. This picture is (more beautiful than) that picture.
　　（この絵はあの絵よりも美しいです）
2. Tamori is (more interesting than) Mino Monta.
　　（タモリはみのもんたよりもおもしろい）

<u>最上級①　the -est</u>

1. John is (the tallest boy) in the class.

（ジョンはクラスで一番背が高い少年です）
　2．Ultraman is (the strongest hero) in the world.
　　　　　　　　　　　　　　　　　　　●ヒーロー＝hero
　　　（ウルトラマンは世界で一番強いヒーローです）
最上級②　the most
　1．Babe Ruth is (the most famous player) in the history of Major League Baseball.
　　　（ベーブ・ルースは大リーグの歴史の中で最も有名な選手です）
　2．Shimura Ken is (the most interesting comedian) in Japan.
　　　　　　　　　　　　　　　　　　　●芸人＝comedian
　　　（志村けんは日本で一番おもしろい芸人です）

3．実験Ａの結果

　実験群の結果を表2と図1に，統制群の結果を表3に示す。これらの図表からも分かるように，実験群では明示的指導後，正答率が一気に上昇した。5項目すべてにおいて，プレテストと直後ポストテスト間には有意差が見られた。さらに，15週間後の遅延ポストテスト時においても，直後ポストテスト時とほぼ同じレベルの正答率を維持していることも判明した。一方，表3の統制群の正答率には際立った変化は見られなかった。つまり，口頭反復練習は定着を促し，比較的長期間（15週間後も）その影響が持続することが明らかとなった。また，中学校で学習する比較表現は，量をこなせば習熟度が向上する文法項目であることも判明した。

　高校生への明示的指導の結果から，統語構造自体が比較的単純であり（つまり，要素の移動や省略がない，複雑な意味解釈も持たない），母語（ここでは日本語）にも同じ概念のある文法項目は，その統語構造を用いたアウトプット量を多くすることで習熟度を上昇させられることが判明した。加えて，比較表現の場合，日常よく使用される形容詞・副詞の

数が限定されており，それらが屈折比較形を取るのか，迂言比較形を取るのかを記憶に定着させておけばよいのである。このような論理からも，中学校段階で学習する比較表現は，誤りを指摘し明示的に指導し，量をこなしていく方法が効果的であると分かった。

表2. 実験群（高校生）の比較表現における正答率（$n = 34$）

項目	as ... as	-er than	the -est	more ... than	the most
プレテスト	72.2%	59.7%	57.1%	47.3%	43.1%
直後ポストテスト	92.4%	83.4%	80.7%	75.3%	70.1%
遅延ポストテスト	89.1%	82.6%	77.4%	74.4%	70.4%

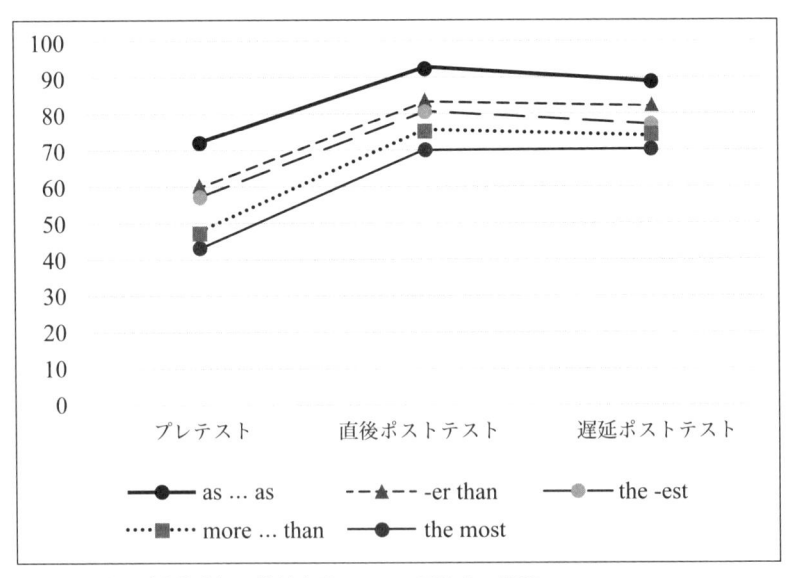

図1. 実験群（高校生）の比較表現における正答率の推移

表3. 統制群（高校生）の比較表現における正答率（n = 36）

項目	as ... as	-er than	the -est	more ... than	the most
プレテスト	85.6%	77.7%	74.9%	71.1%	68.9%
遅延ポストテスト	83.6%	78.3%	75.1%	72.3%	70.6%

4. 実験B：大学生への明示的指導における効果について
4.1 実験Bの仮説の背景

次に，大学1年生に対して実践した，比較表現に対する明示的指導の結果を報告したい。比較表現に下位分類される構造には，-er やmore を添える規則変化形よりも複雑な構造や意味を持つものもある。その内の一部として，調査に使用した18種類の表現を以下（7）〜（9）に示す[3]。

(7) 原級を用いた表現
  a. 倍数表現の例
    1. Our new house is three times as large as the old one.
    （我々の新しい家は古い家の3倍の大きさである）
    2. I drank only half as much sake as my wife did at the party.
    （パーティで，私は妻の半分ほどの日本酒を飲んだ）
  b. 控えめな比較を表す表現
    3. You may as well accept Taro's offer.
    （君は太郎の申し出を受けた方がよいのではないか）
    4. You might as well throw your money into the sea as lend it to Koji.
    （孝司に金を貸すくらいなら，海に投げ捨てる方がましなくらいだ）

---

[3] 本章での比較表現の分類や区分名は安井（1996）に基づいている。また，安藤（2005）も参照した。

5. I would as soon stay here as go out.
（僕は外出するよりは，むしろここに留まりたい）
6. John is not so much a scholar as a teacher.
（ジョンは学者というよりは先生である）

(8) 比較級を用いた表現
 a. 比例比較級
　7. The higher we climbed the mountain, the cooler it became.
　（その山に高く登れば登るほど，だんだん涼しくなった）
 b. 同一物の異なる性質の比較
　8. Taro is more clever than honest.
　（太郎は正直というよりはむしろ賢い）
 c. ラテン語系の比較級
　9. Hanako is senior to me by two years.
　（花子は僕より2つ年上だ）
 d. 比較級を含む慣用的表現
　10. Taro works harder than any other student in the school.
　（太郎はその学校の他のどの生徒よりも一生懸命に勉強する）
　11. No other student is cleverer than Wakako.
　（和香子ほど賢い生徒は他にはいない）
 e. 否定を伴うもの
　12. I have no more than one hundred yen in my pocket.
　（僕はポケットに100円しかない）
　13. Koji gave me no less than ten thousand yen.
　（孝司は僕に1万円もくれた）
　14. Jin was no better than a slave for a long time.
　（仁は長い間奴隷も同然の状態にあった）
 f. 控え目な比較を表す表現
　15. I would rather die than live in dishonor.

(僕は不名誉に生きるよりむしろ死を選びたい）
　g. その他の表現
　　16. Kumiko speaks German, still more English.
　　（久美子はドイツ語を話す。ましてや英語はなおさらだ）
　　17. It was getting dark, and what was worse, it began to rain.
　　（暗くなってきた。さらに悪いことには，雨が降り始めてきた）

(9) 最上級を用いた表現
　a. 同一物の中の比較
　　18. The lake is deepest at this point.（この湖はここが一番深い）

　以上のような比較表現の多くを，高校時代に学習する可能性はある。1つには大学受験の英語問題に出題されたりもするからである。だが，その学習の程度にはかなり差があると感じる。そして，すべて覚えて大学生になった者はほとんどいないとも思われる。その理由はいくつかあるだろうが，まず，不規則変化の比較表現は必ずしも「必修事項」ではないため，高校の英語教科書に掲載されているとは限らないこと。次に，文構造が表す意味を推測しにくいことがあげられよう。たとえば，(7b5) の，"I would as soon stay here as go out."の意味が，なぜ「僕は外出するよりは，むしろここに留まりたい」になるのか，would as soon ... as という単語の1つ1つの意味からは推測しにくいのではないだろうか。

　このような考察から，プレテストにおける大学1年生の18種類の構造の正答率は極めて低いと予想される。つまり，これらの不規則変化の比較表現を十分に身につけないまま大学生になっていると考えられる。本実験では，上記 (7)〜(9) の18種類の「不規則変化の比較表現」を大学1年生に明示的に教え，どの程度正答率を向上させることができるか，つまり，第3章で検証した「動詞の自動詞・他動詞構造」の理解同様，誤り訂正を含めた明示的指導法が役に立つのか調査した。

4.2　被験者

　実験群の被験者は大学 1 年生 19 名で，2014 年の夏に実施された TOEIC での彼らの平均スコアは約 450 点であった。何も指導をしない統制群は同じ大学に通う 25 名の大学 1 年生で，TOEIC の平均スコアは約 430 点であった。

4.3　実験の手順

　2014 年 9 月から 2015 年 1 月にかけて実験を行った。実験群には，不規則変化の比較表現に対する明示的指導は 1 回に約 30 分，3 週連続して 3 回，約 90 分間行った。今回の明示的指導方法を考えるのには時間を必要とした。その理由は，たとえば，受動態や関係代名詞などの統語構造には 1 つの弁別的な構造が存在するが，「不規則変化の比較表現」にはそういった明確な構造がないからである。熟慮の上，筆者が採用した方法は，以下のとおりである。

　まず，空所補充問題形式のプレテストを行った。18 構造をそれぞれ 2 問ずつ，合計 36 問に錯乱文を 30 問加え，総計 66 問を筆記テストで出題した。

　その翌週から全 3 回の指導を行った。第 1 回目の指導では，プレテストで使用した問題用紙を再度配り，30 分を費やして第 1 問目から順に説明した。第 2 回の指導では，安井（1996）や安藤（2005）等を参考にしつつ，不規則変化の比較表現について筆者がまとめたプリントを配布して明示的に説明した。そして 3 回目の指導では，第 2 回目に使用したプリントを再度おさらいした後，その中の例文から無作為に抽出した英文を空所補充テスト形式で回答させ，その後で説明を追加した。

　本章実験 A の高校生の時の指導とは大幅に異なる指導法となった。その理由は，まず，実験 B のプレテストの結果が思わしくなかったこと，さらに，テスト問題に関して，「全然わからなかった」「知らない」という反応が大半を占めたからである。

　そして，指導終了後の翌週に直後ポストテストを行い，指導終了 14

週間後の1月中旬に遅延ポストテストを実施した。

- プレテスト：第1週　空所補充問題

⇩

- 明示的指導：第2, 3, 4週
    1回目：プレテストを第1問目から順に説明
    2回目：不規則比較表現についてのプリントを配布し明示的に説明
    3回目：第2回目のプリントをおさらいした後，その中の例文から無作為に抽出した英文をテスト形式で回答させ，その後で説明を追加

⇩

- 直後ポストテスト：第5週　空所補充問題

⇩

- 指導なし（13週間）：第5～17週

⇩

- 遅延ポストテスト：第18週　空所補充問題

4.4　実験Bで用いたテスト問題（例）

3回のテスト形式は，実験Aの高校生用のテスト同様，日本文を提示し，その日本語と同じ意味の英文になるよう，（　）内に英語を補充する空所補充問題形式とした。1つの（　）に1英単語を入れる形式である。実際に使用した問題例を以下に例示する。

●日本語の意味に合うように，（　）の中に適切な英語を入れて文を完成させてください。
1．A市の野球場はB市の2倍の大きさである。

The baseball park in A City is (twice) (as) (large) (as) that in B City.
2. 君は，今年は田中教授の講義を履修した方がよいのでは。
You (may) (as) (well) take Professor Tanaka's lecture this year.
3. 綾乃はクラスのどの生徒よりも速く泳ぐことができる。
Ayano can swim (faster) (than) (any) (other) student in the class.
4. 須田先生は教師というよりは芸術家である
Mr. Suda is (not) (so) (much) a teacher (as) an artist.

5. 実験 B の結果

　表4と図2に結果を載せる。まず，プレテストの結果であるが，筆者の予想以上に正答率が低かった（正答率：15.1％）。そして，その後3回にわたる明示的指導の結果，直後ポストテストでの正答率は40.9％まで上昇した。これは，25.8％の上昇率であり，それ自体は大きな上昇率と言えようが，40％の正答率ということは，質問に半分以上は正しく解答できていないということでもあり，決して高い正答率に到達したわけではない。さらに，指導終了後14週間後には正答率は25.3％まで下降してしまった。このような事実から，筆者が採用した誤りの訂正を中心とした明示的文法説明は，短期的にはある程度有効な方法ではあるが，長期的（14週間）には効果的ではない方法であることが判明した。

表4. 大学生の不規則比較表現における正答率（（ ）内は正答数／全回答数）

	プレテスト	直後ポストテスト	遅延ポストテスト
実験群 ($n = 19$)	15.1％(103/684)	40.9％(280/684)	25.3％(173/684)
統制群 ($n = 25$)	21.2％(145/684)	21.9％(150/684)	20.9％(143/684)

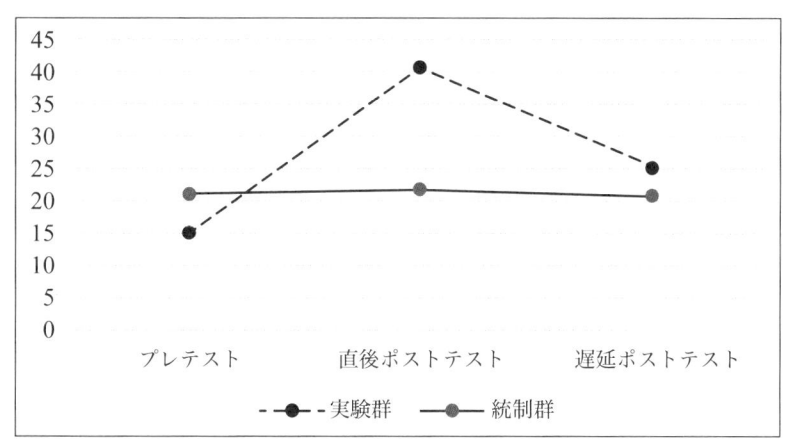

図2. 大学生の不規則比較表現における正答率の推移

　なぜ長期的に効果が認められなかったのか。遅延ポストを行った翌週（後期日程の最終週）に，被験者を務めてくれた学生たちに聞いてみた。その結果，彼らの感想として，「普段の英語の授業に頻出する構文ではないので忘れてしまう」，「構文自体が複雑すぎて覚えられない」等の回答を得ることができた。

6. 本章のまとめ

　本章では，高校生1年生と大学1年生を対象に，筆者が行った2つの調査を紹介することで，英語の比較表現について明示的指導が効果的であるかどうか考察した。高校1年生には中学時に学習する比較表現を題材に，大学1年生には，さらに複雑な不規則変化の比較表現を明示的に指導し，その結果を紹介した。

　その結論として，母語にもその構造が表す同じ概念・構造が存在し，単純に -er や more などを付加したりするだけですむ規則比較表現のような，つまり，規則の内部構造が比較的単純な文法項目には明示的指導・修正フィードバックが効果的であることが判明した。そして，そのような文法項目には，使う機会を増やすため，繰り返し練習することが

効果的である。一方で，不規則変化の比較表現のように，規則の内部構造が複雑な文法項目には，英語能力がさほど高くない学習者にとって，明示的指導・修正フィードバックの効果が薄いのではないかと思われる。

7. 比較表現の指導におけるポイント

　本書での実験結果に基づく限り，中学校で学習する比較表現の中で最も容易であるのは原級比較であった。形容詞に関する屈折比較と迂言比較とでは，屈折比較（-er than, the -est）の方が迂言比較（more ... than, the most）よりも相対的に容易であった。比較表現の5つの形式が同等に難しいのではなく，その中にも難易度順序があることを教師はまず覚えておくべきであろう。

　次に，これらの比較表現は練習量を増やせばかなり定着する文法項目であることも教師は把握しておくべきである。母語に同じ概念・構造が存在し，かつ，規則の内部構造が単純な項目は明示的指導・誤り訂正が効果的である。しかしながら，意味の伝達的側面が低い機械的な反復練習は，学習者を飽きさせるばかりではなく，実際の使用場面での実用価値も低いため，授業で実践することはやめるべきである。

　具体的には，"This box is bigger than that box." といった例文を使用しての反復練習はやめた方がよい。2つの箱を比べる必要性があるのなら別であるが，普通は2つの箱を見ればどちらの箱が大きいのかは一目瞭然であるし，また，なぜその箱の比較を他のクラスメートに話さなければならないかの必然性がないからである。

　筆者は，地元の自然や建造物を利用した比較表現の練習などは，地元のことを知る上でも役に立つと思う。たとえば，静岡県の中学生や高校生であるならば，富士川，安倍川，天竜川などの長さをグループやペアで予想させ（例：I think that the Abe River is longer than the Fuji River./ I think that the Tenryu River is the longest river of the three.），社会科などの勉強とも合科できる。また，人間の錯覚を利用した円の大

きさや線の長さなどの「だまし絵」などを使用すると，ゲーム感覚で楽しめるのではないだろうか（例：I think the orange circle A is smaller than the orange circle B.）。

　一方で，より複雑な不規則変化の比較表現は，大学生になってもほとんど定着していないことを，特に大学教員は知っておくべきである。さらに，規則の内部構造が複雑な項目は，自ら学ぶ際にも覚えにくかったし，明示的指導・修正フィードバックも効果が出にくい。では，どうしたらよいか。1つの方法として，自分の友人，好きなタレント，知り合いなどを登場させた楽しい例文を作り，印象的に暗記することが考えられる。また，認知言語学的な知見を応用した不規則変化の比較表現の学習方法については，190ページの今井（2012）の説明を参考にされたい。

第6章
前置詞に関する明示的指導の効果

【本実験で検証すること】
・規則の内部構造が複雑な項目は明示的修正フィードバックの効果が薄い。
・母語に類似した概念がない項目は，その概念自体の理解に時間がかかる。
・明示的に教えたからといって，その瞬間からすべて習得できるようになるわけではない。

1. はじめに

本実験では，日本人英語学習者にとって習得が難しい項目の1つと言われている前置詞への明示的指導，明示的修正フィードバックの効果を検証する。本章では日本語の「～から」と対応関係がある英語の前置詞の用法に絞り，母語転移への修正フィードバックの効果についても考察を加えたい。

2. 仮説の背景

前置詞の役割は，その目的語となる名詞的要素が，文中の他の要素とどのような関係にあるかということを示すのに用いられる語である。前置詞は，atやbyのような「単一前置詞」(simple preposition) と，along withやin addition toのような2語以上からなる「複合前置詞」(compound preposition) の2種類に区分できる[1]。現代英語において

最も使用頻度の高い前置詞は，(1)にあげる9つの単音節の前置詞で，これらの使用頻度を総合すると前置詞全体の92.6％を占めるという[2]。

(1) at, by, for, from, in, of, on, to, with

英語の前置詞は，日本人英語学習者にとって学習が最も困難な項目の1つであると考えられている。その理由として，まず，日本語には前置詞と同じ機能を持つ文法項目がないことがあげられる。もちろん，(2)で示すように，日本語では英語の前置詞と類似した働きを助詞などが担う場合もある。つまり，「from＝から」「to＝まで」「at＝に」といった一対一の対応関係ですむ場合もないことはない。しかし，多くの場合，(3)の例のように，助詞が前置詞の意味に常に対応するわけではない[3]。

(2) a. <u>from</u> Tokyo <u>to</u> Osaka（東京から大阪まで）
    b. <u>at</u> six o'clock（6時に）
(3) a. Mary was <u>in</u> a red dress.（メアリは赤いドレスを着ていた。）
    b. John has a taste <u>for</u> music.（ジョンは音楽が好きだ。）

前置詞がうまく使えない理由の2つ目として，前置詞の内部規則が複雑であることがあげられる。それぞれの前置詞はその中心（コア）となる意味を持っているという主張もあるが，1つの前置詞（例：at）でさまざまな意味内容を表すことができるだけでなく，前置詞間（例：atとin）で類似した意味を表すこともできるからである（たとえば，at the restaurantとin the restaurantの意味的相違を理解するのは難しい）。

---

[1] 安藤（2005）
[2] 安藤（2005）によれば，Fries（1940）に記載があるということである。
[3] もちろん，inは「～の中に」という中心となる意味があり，そこから「メアリは赤い洋服の中にいた　⇒　赤い洋服を着ていた」という日本語の意味に結びつくのであろう。筆者がここで言いたいことは，日本語の助詞と「直訳的に一対一の対応関係」を築けない場合の方が多いということである。

(4) には，at の用法の一部を列挙してみた。このように，1つの前置詞の中だけでもさまざまな用法が含まれており，このような多様な使い方を，肯定証拠のみで暗示的に習得していくことは教室での外国語学習環境では難しいと考える。では，はたして，明示的指導法で肯定証拠のみの限界をどこまで補うことができるのであろうか。

(4) at が表す意味（一部）[4]
　　［地点・場所］：at the corner of the street（街角で）
　　［出入点・起点］：enter at the back door（裏口から入る）
　　［所属］：John is a student at London University.
　　　　　　　　　　　　　（ジョンはロンドン大学の学生である）
　　［時間・年齢］：School begins at 8:30.
　　　　　　　　　　　　　　（授業は8時30分から始まる）
　　［順序・回数］：at regular intervals（等間隔で）
　　［方向・目標］：I got angry at John.（ジョンに腹を立てた）
　　［存在］：I am at work.（仕事中である）

　本実験の主目的は，日本語の言い回しに影響を受けたために生じる前置詞の誤りを，明示的指導によって減らすことができるかどうか調査することにある。すべての前置詞を対象にすることは困難であるため，ここでは，日本語の「から」に対応する英語の前置詞について調査することにした[5]。
　日本人英語学習者の多くが，日本語の「から」の意味を表す英語はfromであると漠然と考えているかもしれない。日本語の「から」を表すにはすべてfromで賄いきれるという考えである。もちろん，(5)で示す例のように，from は場所や時の「起点」や「出所・起源」の意味

---

[4] 『ジーニアス英和大辞典』より引用。
[5] Hayashi (2008), 加藤・奉 (2011), Bong (2011) 等も参照されたい。

を持ち,「から」に対応している。よって,「から＝ from」と覚えさえすれば,問題ないような気もしないではない。我々は初学者の頃に「から」の英語訳として from を当てはめて学習するのも事実である。そして, from の解釈に機械的に「から」を当てはめる学習者が多いのではないだろうか。

(5) a. 場所：

I came back from New York yesterday.
(昨日ニューヨークから戻ってきました)
b. 時：

We stayed there from May to July.
(我々は5月から7月までそこに滞在した)

しかしながら,日本語の「から」は必ずしも from に相当しないのである。両者の対応関係が築けるのは,ごくわずかな場合に限られる。(6)〜(14) には from に関して日本人英語学習者が間違えやすい誤り例と,その適格な言い方を載せておく。まず,(6) は,日本語では「から」を使う表現が,英語では in を使うようになる例である。(7) は since, (8) は through または by, (9) は of, (10) は out of, (11) は on, (12) は at, (13) は with, (14) は off で表されるのが最も一般的な場合の例である[6]。このように, from という前置詞だけを考察しても,その用法が非常に複雑であることが分かる。したがって,本書ではこういった前置詞の複雑な用法を学習者に明示的に指導することで,彼らの理解度を上げられるのか実験により確かめようとするのである。

---

[6] 前置詞の正用・誤用の判断において,英語母語話者の中でもその判断に多少のずれがあることは,本実験をする前にも確認した。筆者が本書で「普通は使わない」と判断する基準は,信頼できる複数の辞書の記述に基づいたものである。しかし,日本語母語話者の日本語における文法性判断も個人差があるように,英語の母語話者の中にも前置詞の容認度に多少の相違が生じる場合もあることを,ここに記しておきたい。

(6)「から」⇒ in
　a. 太陽は東から昇る。
　　The sun rises *from/in the east.
　b. 夏休みは8月から始まります。
　　The summer vacation begins *from/in August.

(7)「から」⇒ since
　a. 僕は5時からずっとここにいる。
　　I have been here *from/since five o'clock.
　b. 僕は子供の頃から太郎を知っている。
　　I have known Taro *from/since childhood.

(8)「から」⇒ through
　a. 泥棒が窓から侵入した。
　　The robber got in *from/through/by the window.
　b. 月の光が窓から差し込んでいる。
　　The moon shines *from/through the window.

(9)「から」⇒ of
　a. これらの美しい机は木から作られている。
　　These beautiful desks are made *from/of wood.
　b. その飲み物はオレンジの果汁と砂糖と水からできている。
　　The drink is made *from/of orange juice, sugar and water.

(10)「から」⇒ out of
　a. 好奇心からそれをやった。
　　I did it *from/out of curiosity.
　b. 太郎は親切心から花子を助けた。
　　Taro helped Hanako *from/out of kindness.

(11)「から」⇒ on
　a. 学校は4月1日から始まる。
　　School begins *from/on April 1.
　b. 試験は月曜日から始まります。
　　The examination starts *from/on Monday.

(12)「から」⇒ at
　a. 会議は9時から始まります。
　　The meeting begins *from/at nine o'clock.
　b. 僕は駅からタクシーに乗った。
　　I caught a taxi *from/at the station.

(13)「から」⇒ with
　a. 聖書は創世記から始まる。
　　The Bible begins *from/with Genesis.
　b. 健は味噌汁から食べ始めた。
　　Ken started *from/with miso soup.

(14)「から」⇒ off
　a. 切手が封筒からはがれた。
　　The stamp came *from/off the envelope.
　b. 太郎はバスから降りた。
　　Taro got *from/off the bus.

3. 実験
3.1 被験者

　実験は2014年4月から7月にかけて，大学2年生を対象に行われた。実験群は25名，統制群は28名であった。1年次に受けたTOEICの平均得点は443点であった。

3.2　実験の手順

　2014年4月にプレテストを行い，次の週から3週連続して前置詞に対する明示的指導を行った。そして，指導が終了した翌週に直後ポストテストを実施した。さらに，指導終了後5週間後に遅延ポストテストIを，10週間後に遅延ポストテストIIを行い，実験がすべて終了した。

　3週にわたる明示的指導内容であるが，3回とも同じ内容で行った。まず，3.3に示すテスト問題例と同じく，日本語では「から」と解釈（翻訳）できる英語の前置詞について，空所補充形式の練習問題を行った。練習問題での英文は3回とも違うものである。全員で答え合わせをした後，解答への解説と，前置詞について言語学的観点からの明示的説明を施した。最後に，二人一組のペアを作って，解答の英文を手に持っている片方が日本語を言い，相方がその英文訳を言う練習を交代で行った。しばらく考えても英文が出てこない時は相方が速やかに答えを言うように促した。この活動を30分ぐらいの時間をかけて3週連続して行った。最も強調したことは，「から ≠ from」という点である。日本語の「から」で表される表現は，英語では実にさまざまな前置詞で表すことを毎回強調して指導した。

・プレテスト：第1週　　空所補充形式

⇩

・明示的指導：第2, 3, 4週
　指導内容：日本語では「から」と解釈（翻訳）できる英語の前置詞について，空所補充の練習問題，答え合わせ，解説，ペア活動。各30分

⇩

・直後ポストテスト：第5週　　空所補充形式

⇩

・指導なし（9週間）：第5～13週

⇩

・遅延ポストテストⅠ（指導終了5週間後）：第9週　空所補充形式

⇩

・遅延ポストテストⅡ（指導終了10週間後）：第14週　空所補充形式

3.3　実験で用いたテスト問題（例）

　4回のテスト内容であるが，下記のように，穴埋め形式で上記（6）～（14）の9種類の項目についてそれぞれ3問ずつ出題することにした。出題の順番は毎回変えてある。したがって，調査項目数は27問である。加えて，それと同数の錯乱文を用意した（こちらもすべて前置詞に関する問題である）ため，合計で54問に被験者は回答することになる。

●次のカッコの中に最も適切だと思う前置詞を入れなさい。
　<u>2語入る場合もあります。</u>

1. 太陽は東から昇る。
   The sun rises（ in ）the east.
2. 春休みは3月から始まります。
   The spring vacation begins（ in ）March.
3. ケンは10時からずっとここにいる。
   Ken has been here（ since ）ten o'clock.
4. 僕たちは子供の頃からずっと知り合いだ。
   We have known each other（ since ）childhood.

5. 太郎は窓から家に入った。
   Taro got in his house （through） the window.
6. 朝日が窓から差し込んでいる。
   The morning sun shines （through） the window.
7. 昔は，船はみな木造だった。
   All ships were made （of） wood in ancient times.
8. この飲み物はリンゴから作られている。
   This juice is made （of） apples.
9. 花子は，ほんの気まぐれから太郎に会った。
   Hanako met Taro （out of） whim. （whim ＝気まぐれ）
10. 太郎はポケットからハンカチを取り出した。
    Taro took a handkerchief （out of） a pocket.
11. 学校は４月１日から始まる。
    School begins （on） April 1.
12. 学校は水曜日から始まります。
    Our school will start （on） Wednesday.
13. 映画は３時から始まります。
    The movie will start （at） three o'clock.
14. 僕は博物館からバスに乗った。
    I took a bus （at） the museum.
15. その会議は太郎のスピーチから始まった。
    The conference began （with） Taro's speech.
16. 健はストレッチ体操から始めた。
    Ken started （with） streching.
17. ポスターが壁からはがれた。
    The poster came （off） the wall.
18. 太郎は飛行機から降りた。
    Taro got （off） the airplane.

4. 実験の結果

まず，プレテストを実施し，調査する27問への答えを分析した結果が表1と図1である。ある程度予想はしていたものの，被験者の大半が，ほとんどの質問にfromを入れていた。「から＝from」という図式が固定されてしまっていることを如実に示す結果となった。そのため，プレテストでの正答率は12.0％という低いものになっている。

次に，3週連続して明示的指導を与えた後の直後ポストテストでは，正答率が一気に74.1％まで跳ね上がった。この上昇率は驚きであったが，統制群の正答率が何も上昇していないことからも，明示的指導の効果があった結果と言ってよいであろう。

しかしながら，その後のポストテストでは，正答率が52.3％（5週間後の遅延ポストテストI）⇒33.9％（10週間後の遅延ポストテストII）と，急落していってしまった。それでも，プレテストの正答率と遅延ポストテストIIの正答率間で依然として統計的に有意な差を示す結果と

表1．前置詞における正答率（（　）内は正答数の合計）

	プレテスト	直後ポストテスト	遅延ポストテストI	遅延ポストテストII
実験群 ($n=25$)	12.0％（81）	74.1％（500）	52.3％（353）	33.9％（229）
統制群 ($n=28$)	14.1％（95）	15.0％（101）	14.8％（100）	14.5％（98）

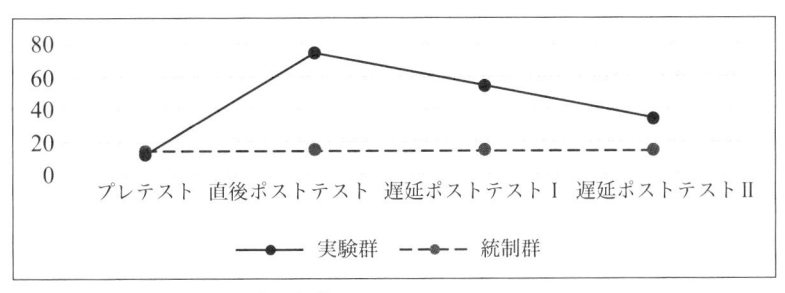

図1．前置詞における正答率の推移

なり，最終的にも「正答率は上がっていた」とは言える。しかし，最初の段階（プレテスト時）での正答率が低すぎたために，33.9％であっても有意差が出てきただけである。この33.9％の正答率は，やはり，低い正答率だと言わざるを得ない。

　最終的に正答率は低くなってしまったものの，プレテストと遅延ポストテストでの被験者の解答には質的に大きく異なっていたことを述べておきたい。つまり，プレテストでは，日本語文に「から」があればすべてfromと置き換えて解答していたのだが，ポストテストではfromという誤答が激減している点である。指導の産物として，「『から』は必ずしもfromとは対応しない」ということは理解してもらえたように感ずる。

5.　本章のまとめ

　筆者が採用した前置詞学習への明示的指導は効果があったのだろうか。まずは，学習者の前置詞への意識の高まりの面で言えば，効果があったと言えよう。そして，「から＝from」という単純置き換えが間違いであることも相応に浸透したと思われる。また，実験終了後に被験者に行ったアンケート調査結果では，多くの被験者から，今回初めて本格的に前置詞について学習したという回答を得た。この点では，3回の指導は啓蒙的であっただろう。

　一方で，被験者の習熟度について言えば，3回教えた直後の理解度は高いものであった（直後ポストテストの正答率：74.1％）。ならば，その後，被験者たちはこの正答率をなぜ維持できなかったのか。ここに前置詞習得の難しさがあると感じる。原因の1つには，前置詞の規則の内部構造の複雑さが起因しているだろう。つまり，単純に規則を丸暗記して覚えられるほど，それほど簡単な規則ではないということである。

　次に，英語の前置詞のように，母語（日本語）に類似した概念がない項目は，その概念自体の理解に時間がかかることが原因としてあげられよう。しかし，母語にないからといって，習得が必ずしも非常に困難に

なるわけではないことは,「自動詞・他動詞の区別」(第 3 章)の結果からも明らかである。やはり,母語からの転移よりも,「規則内部の複雑さ」の方が習得の困難度に影響を与えているのではないだろうか。

6. 前置詞の指導におけるポイント

本章では数ある前置詞の中で from のみに焦点を当てて大学生に実験をしただけであったが,それでも彼らの理解度は高いレベルを維持できなかった。前置詞全体の用法はさらに複雑となる。英語教員でも間違える場合がある。そのため,まず教員が前置詞について,もう一度しっかりと勉強すべきであろう。一方で,前置詞の学習を比較的おろそかにしてしまう理由として,たとえ誤って使用したとしても,意味の伝達にはさほど影響がない文法項目であるからかもしれない。前述もしたが,"I met John at/in the station." や "I gave a present to/for John." では,表す意味は微妙に異なっていたり,文法的にも不適格であったりするかもしれないが,しかしどちらの前置詞を間違って使用しても,聞き手にまったく通じないということはない。

以上の 2 点の理由があるために,日本の学校教育における英語教育では前置詞の指導が活発ではないのかも知れない。筆者の意見としては,まずは教師が前置詞に関する文法書を読み理解を深めることを推奨したい。現在,前置詞の意味,用法,指導法に関して,さまざまな言語学的アプローチからの良書が出版されている。教師が前置詞についての理解を深めることが先決であると思う。

しかしながら,前置詞は日本人英語学習者にとって,内部規則が複雑で,一度に教えられてもすぐには学習できない項目であることには変わりはない。教師は焦らず,生徒にもう少し前置詞について意識させるような指導を心がけ,時間をかけ,少しずつ理解を増やしていくように努めるのがよいと思う。

第7章
接続詞に関する明示的指導の効果

【本実験で検証すること】
・規則の内部構造が単純な項目は明示的指導が効果的である。
・語彙的意味の伝達が主となる項目は明示的指導が効果的である。
・母語に同じ概念・構造が存在する項目は明示的指導が効果的である。
・今まで十分教えられてこなかった項目は明示的指導が効果的である。
・文法的機能の伝達が主となる項目は明示的指導の効果が少ない。

1. はじめに

　本章では接続詞への明示的指導が有効であるということを検証していく。接続詞の使い方に焦点を当てて，中学生，高校生，大学生の英語ライティングを観察してみると，いくつかの顕著な誤りに気づく。本章ではその代表的な誤りを6種類取り上げる。以下，それらを検討する[1]。

---

[1] because への明示的指導効果については，白畑（2008）も参照されたい。

2. 仮説の背景

2.1 接続詞とその後に続く節との関係の誤り

　まずは，(1) から見ていきたい。(1a) のような誤りをする原因は2つ考えられる。1つ目は，日本語の影響である。日本語では，「なぜならば…だからである」という言い方をする。この「なぜならば」の部分に機械的に because を当てはめていると考えられる。2つ目は，英語の教科書での言い回しの影響である。(2) を見ていただきたい。こういった文脈の会話の中で because が使用されればこのような表現の仕方になる。しかし，併せて，この表現は主節が省略されている形式であること，英語では接続詞の位置が日本語とは反対になることなども中学生に意識させないといけないだろう[2]。

(1) a. I stayed at home all day yesterday. *Because it was raining.
　　b. I stayed at home all day yesterday because it was raining.
　　　（僕は昨日一日中家にいた。なぜかというと，雨が降っていたからだ）
　　c. We practiced judo for two hours. *After, we went to the ramen shop.
　　d. After we practiced judo for two hours, we went to the ramen shop.
　　　（僕たちは2時間柔道の稽古をして，その後，ラーメン屋に行った）

(2) 教科書での because[3]
　　a.　A：Why do you get up early?
　　　　B：Because I take a walk in the morning.

---
[2] ただし，教科書でも会話文以外では大概，文頭の because は避けられていることをここに付記しておきたい。
[3] 平成24年度版 *Sunshine English Course 1*（開隆堂）p.106 より引用。

b.　A：I like Fukuyama Masaharu very much.
　　　　B：Why do you like him so much?
　　　　A：<u>Because</u> he is cool.

2.2　if と when の意味的混同

　接続詞に関する 2 つ目の誤り例は，if と when を混同するものである。たしかに，「～したら」といった意味を表す場合にはいつでも if を使えると思うのかもしれないが，if を使用すると「あなたが静岡駅に着くかどうかわからないが，もしも着くようなら」という意味が含蓄されることになる。(3) の場合は，必ず着くという前提の下で発言しているので，(3a) は文法的には問題ないが，意味的に不適合になってしまう。

　(3)「あなた」が必ず来ると分かっている状況の場合
　　a. *<u>If</u> you arrive at Shizuoka Station, please call me up.
　　b. <u>When</u> you arrive at Shizuoka Station, please call me up.
　　　（静岡駅に着いたら電話してください）

2.3　and と or の混同

　英語では，「どちらも～できない」という言い方は，(4b) で示すように，not ... or の形式を取る。または，(4c) のように，neither ... nor を使用する。しかし，筆者の経験知からであるが，少なくとも日本人の初級から中級英語学習者では，その大半が (4a) のように，誤って and を使用すると思われる。そして，(4c) は学習した後でもほとんど産出されない。

　(4) a. *John cannot read <u>and</u> write.
　　　b. John cannot read <u>or</u> write.
　　　c. John can <u>neither</u> read <u>nor</u> write.
　　　　（ジョンは読むことも書くこともできない）

2.4 until と by の混同

日本語では，until（または till）の意味も by の意味もほぼ同様に「〜まで」と言い表すことができる。しかし，両者の解釈をもう少し厳密にすれば，until は「〜まで途切れることなくずっと」，by は，「〜頃までには」ぐらいになるだろう。しかし，そこまで正確に習わない場合も多いのではないだろうか。大学生でも両者の用法を混同している者が多くいる。特に，by の使用が正しくできない。by の方が多義語であるからかもしれない。

(5) a. My parents told me to stay home until 10 o'clock.
　　b. *My parents told me to stay home by 10 o'clock.
　　　（両親は私に10時まで家にいなさいと言った）
　　c. *I have to finish reading this book till Friday.
　　d. I have to finish reading this book by Friday.
　　　（私はこの本を金曜日までに読み終わらなければならない）

2.5 during と while の混同

日本語で表せば，during も while もどちらも「〜の間」という言い方になり，同じ意味であるかのように思うのかもしれない。しかし，during は前置詞であり後ろに節（主語と時制を持つ動詞）が来ることはなく，一方，while は接続詞であるから節を従える[4]。

(6) a. *Taro wrote a book during he was in prison.
　　b. Taro wrote a book while he was in prison.
　　　（太郎は刑務所に拘留されている間に本を書いた）
　　c. I visited Cambridge and Oxford during my stay in the UK.
　　d. *I visited Cambridge and Oxford while my stay in the UK.

---

[4] while は名詞としての用法もある（例：after a while　しばらくして）。

（イギリスにいる間に，僕はケンブリッジとオックスフォードを訪れた）

2.6 as long as と as far as の混同

日本語に訳してしまうと，as long as も as far as も，どちらも「〜する限りでは」という言い方になってしまう。しかし，両者には意味的な違いがあり，as long as は，「時間の限度」や「条件」を表し，as far as は「程度の限度」を表すのに用いられる。

(7) a. You can stay in my apartment as long as you want to.
   b. * You can stay in my apartment as far as you want to.
   （君が望む限り（長く）僕のアパートにいてもいいよ）
   c. *As long as I know, John failed the exam.
   d. As far as I know, John failed the exam.
   （僕の知る限りでは，ジョンは試験に落ちた）

3. 実験

3.1 被験者

静岡県内の私立 B 高校の 2 年 1 組の 40 名に実験群になってもらった[5]。大学生ではなく，高校生を被験者に選んだのは，明示的指導方法やその内容など，高校生に十分に理解できるものであると判断したからである。B 高校 2 年 1 組の生徒は全員が進学希望とのことであった。

3.2 実験の手順

調査は 2014 年 9 月に開始した。プレテストを実施した翌週から指導

---

[5] 筆者の知り合いの先生に事情をお話しして協力をお願いした。初回の授業では，筆者が調査について説明をさせていただいた。2 回目以降の明示的な指導の方法についても，2 人でよく話し合いをして実践した。2 年 1 組は 43 名のクラス編成であったが，調査段階で 3 名の欠席があったため，最終的な被験者数は 40 名となった。

が開始されたのであるが，その最初の指導日に，筆者が出向き，40分をかけて6項目すべてについて表1のように説明を行った。全体的な説明はこの1回限りであった。その後は，1週間に1度，3週にわたり，それぞれ約15分をかけて，プレテスト問題などと類似の問題練習と，誤り訂正・説明を含む答え合わせを行った。指導終了の翌週の10月中旬，直後ポストテストを行い，12週間後の1月に遅延ポストテストを実施した。

表1. 指導で説明を行った6項目

分類	指導項目	指導の要点
1	接続詞と従属節との関係	日本語の接続詞と英語の接続詞の統語的相違を強調する。英語では「だから〜である」とはならないことを指導する。
2	if と when	if はそのことが起こる可能性が不確かな場合に使用し，when は必ず起こる時に使用する。
3	and と or	「両方とも〜でない」と否定する時は not ... or になる。
4	until と by	until は「継続」，by は「その時までに」という意味。使用する動詞と関係がある。
5	during と while	during は前置詞なので後に SV は来ないが，while は接続詞なので SV が続く。
6	as long as と as far as	long は時間的な期間の限度，far は距離的な程度の限度で，「〜の範囲で」を表す。

・プレテスト：第1週　「文法性判断＋誤り訂正」テスト

⇩

```
・明示的指導：第 2, 3, 4, 5 週
    2 週：40 分をかけて調査する 6 項目すべてについて説明を行う。
    3～5 週：1 週間に 1 度，約 15 分，問題練習，誤り訂正・説明を含む
        答え合わせを行う。
```

⇩

```
・直後ポストテスト：第 6 週    「文法性判断＋誤り訂正」テスト
```

⇩

```
・指導なし（11 週間）：第 6～16 週
```

⇩

```
・遅延ポストテスト：第 17 週    「文法性判断＋誤り訂正」テスト
```

3.3 実験で用いたテスト問題（例）

　問題練習，そしてプレテスト等の実際のテストに使用した問題を抜粋して下に載せる。各回の練習問題，実際の問題はスクランブリングされており，この順番で出題されてはいない。紙幅の関係上，ここには「不適格で訂正が必要となる文」のみ 10 問載せておくが，実際には，各指導項目につき 5 問ずつ（すべて不適格文）問題を出題した。よって，問題数は 30 問となるが，それに錯乱文としてテスト項目以外の接続詞の問題を 30 題（すべて適格文）加えたので，被験者は 60 問に答えることになった。

```
●次の英文の中で，「文法的に不適格」または，「言い方を変更した
  方がよい」と感じるものがあれば，（　）内に×を書き，英文の下
  の空いているスペースに，正しい形を書いてください。「文法的に
  適格」だと思えば，（　）内に○を記入してください。
```

■分類１：
1. Taro didn't buy any souvenirs in Kyoto. Because he had no money. （　×　）
（太郎はお金がなかったので，京都で何もお土産を買わなかった）
［訂正文：Taro didn't buy any souvenirs in Kyoto because he had no money.］
2. I went to the department store to buy a shirt yesterday. When, I accidentally met my homeroom teacher. （　×　）
（昨日私はデパートにシャツを買いに行きました。その時，偶然に担任の先生にお会いしました）
［訂正文：When I went to the department store to buy a shirt yesterday, I accidentally met my homeroom teacher.］

■分類２：
3. "Is it all right when I borrow your bike?" "Yes, sure." （　×　）
（「あなたの自転車を借りてもいいですか」「ええ，もちろんです」）
［訂正文：Is it all right if I borrow your bike?］

■分類３：
4. Taro was too tired. So he was not able to eat and sleep. （　×　）
（太郎は疲れ切ってしまっていた。そのため，食べることも寝ることもできなかった）
［訂正文：Taro was too tired. So he was not able to eat or sleep.］

■分類４：
5. Please wait for me in this room by 2 o'clock. （　×　）
（この部屋で僕を２時まで待っていてください）
［訂正文：Please wait for me in this room until 2 o'clock.］

6. I have to send a letter to my father till tomorrow. （　×　）
 （僕は明日までに父に手紙を送らなければならない）
 ［訂正文：I have to send a letter to my father by tomorrow.］

■分類５：
7. Kyoko went to Yankee Stadium several times during she was in New York. （　×　）
 （京子はニューヨークにいる間に何度もヤンキースタジアムに行った）
 ［訂正文：Kyoko went to Yankee Stadium several times while she was in New York.］
8. Many people had a hard time while World War II. （　×　）
 （多くの人が第二次世界大戦中は大変困窮した）
 ［訂正文：Many people had a hard time during World War II.］

■分類６：
9. As far as Ken works with me, I have more work to do. （　×　）
 （健が僕と一緒に仕事をする限り，僕の仕事は増える）
 ［訂正文：As long as Ken works with me, I have more work to do.］
10. As long as we can judge, Taro's decision is right. （　×　）
 （我々の判断できる限りでは，太郎の判断は正しい）
 ［訂正文：As far as we can judge, Taro's decision is right.］

4. 実験の結果

　表２と図１に実験結果を載せる。これらの図表から分かるように，高校生たちは，明示的指導をする前のプレテスト時では平均して44.8％の正答率であったのが，指導直後の直後ポストテストでは，正答

率が35.9%上昇し，80.7%まで到達した。そして，12週後の遅延ポストテストにおいても，その正答率はまったく下がることなかった（平均正答率は80.6%）。以上の結果から，接続詞の誤用への明示的指導法は持続可能な有効な方法であることが実証された。

表2. 接続詞における実験群の結果（（　）内は正答数／全回答数。n = 40）

項目	プレテスト	直後ポストテスト	遅延ポストテスト
1	65.5%（131/200）	90.0%（180/200）	90.5%（181/200）
2	40.0%（80/200）	83.5%（167/200）	76.0%（152/200）
3	35.5%（71/200）	78.0%（156/200）	80.5%（161/200）
4	38.0%（76/200）	80.0%（160/200）	84.0%（168/200）
5	58.5%（117/200）	82.0%（164/200）	84.5%（169/200）
6	31.5%（63/200）	70.5%（141/200）	68.0%（136/200）
平均	44.8%（538/1200）	80.7%（968/1200）	80.6%（967/1200）

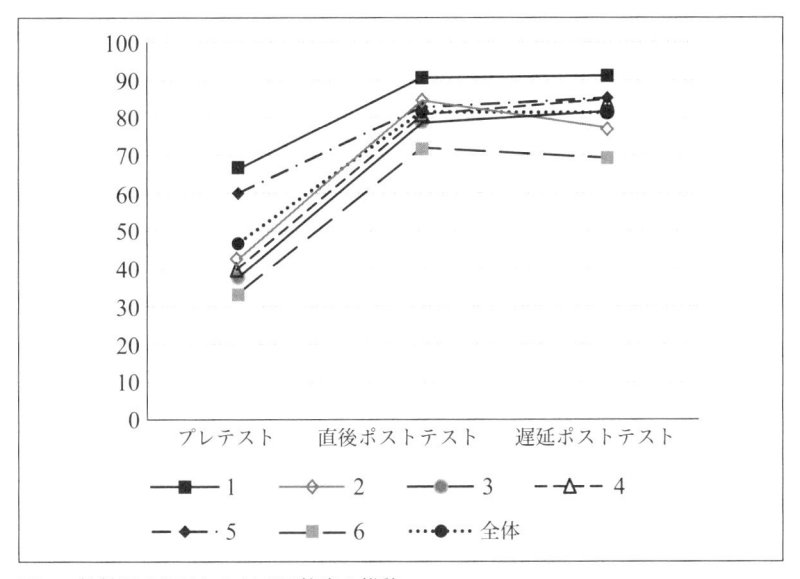

図1. 接続詞の誤りにおける正答率の推移

5. 本章のまとめ

接続詞の誤りに対して，明示的な指導法が有効であった理由はいくつか考えられるが，まず，本実験で扱った接続詞の規則は，その内部構造がそれほど複雑ではない点があげられる。規則が単純な項目は明示的誤り訂正が効果的であることを，本実験からも裏づける結果となった。

次に，各接続詞はそれぞれの語彙的意味を持っており，意味的伝達が主となる項目は明示的誤り訂正が効果的だと提唱する本書の仮説をここでも裏づける結果となった。また，本実験で取り上げた6項目の正答率に差が生じているのは，母語に同じ概念・構造が存在しない項目は明示的誤り訂正の効果が低くなることが原因であると考えられる。それは，as long as と as far as の正答率に見て取れる。これらはどちらも日本語では「～する限り」という訳語が当てはまり，概念的にその相違を理解するのが難しかったためではないだろうか。

次に，これは重要な点であるが，プレテストの結果から判断すると，類似した意味や用法を持つ接続詞の相違について，日本の英語教育ではこれまで十分に教えてこなかったのではないかと推測される。十分に教えられてこなかった意味伝達を主とする項目（の一部）には，明示的誤り訂正が効果的であるという裏づけとなった。中学や高校の英語の授業で，接続詞の細かい相違を説明するまでの時間的余裕がないのかもしれないが，一度教えてあげれば定着率を期待できる項目であるから，やはりきちんと指導をしておきたいものである。または，大学での英語教育の役目になるのかもしれない。

6. 接続詞の指導におけるポイント

まず，because などを文頭に置いてしまう誤りに関する指導であるが，Why ...?　Because ... の会話的構造だけではなく，中学校の時からも，"主節（S + V）because 従属節（S + V）"の構造でもコミュニケーション活動を行うことを強く勧めたい。

次に，上述したように，日本人英語学習者が接続詞の使用を誤ってし

まう最大の原因は，教室ではそれらの日本語訳は教えるものの，使い方や重要な意味の違いを十分に指導していないからだと思われる。しかし，接続詞自体ではその規則の内部構造は複雑ではない。また，それらの持つ語彙的な意味も多種多様ではなく，日本語との対応がはっきりとしているものが多い。したがって，基本的な意味や用法を教えるのは難しくない。

　もし，類似した接続詞の使い方（例：when/ifやuntil/by）の理解が中学生には難しいようであれば，分析的能力の高くなってきた高校生，または大学生に明示的に指導するのがよいだろう。そして，指導すれば彼らには理解可能な意味内容である。

　今回取り上げた6種類の中で学習が若干難しいのは，「andとor」，そして「as long asとas far as」の2項目であろう。前者の相違には意味の関与が少ないから分かりにくく，このような場合には，1つの例文とともに覚えてしまうのも一法かもしれない（例：I like both apples and oranges, but I don't like *natto* or *umeboshi*.）。後者の指導として，farは「距離的なことを言う場合」，longは「時間的なことを言う場合」といった具合に，farとlongの元来の意味を強調し，例文とともに両者の違いに気づかせるのがよいと思う。

第2部 「誤り訂正」研究データからの仮説と学校現場への応用

第8章
語彙に関する明示的指導の効果

【本実験で検証すること】
・語彙的意味の伝達が主となる項目には明示的指導が効果的である。
・今まで十分教えられてこなかった語彙項目には明示的指導が効果的である。

1. はじめに

　本章で扱う題材は文法への明示的指導ではなく，語彙への指導である。日本人英語学習者が犯す英語語彙の意味的側面に対する誤りを，明示的指導によって軽減できるかどうかを実験によって実証的に調べようとするのが本章の目的である。語彙習得の面においても，その意味や用法を誤って使用していたり，正しい形式であると信じ込んで使用していたりする場合がある。それが和製英語であったり，似た意味を表す2つの語彙の誤使用であったりするのである。語彙の誤りへの修正フィードバックの効果検証に対し，筆者は2つの実験（実験Aと実験B）を行った。実験Aは和製英語を題材に，明示的指導が，正しい英語表現の習得に効果的であるか，大学生を対象に調査した。実験Bでは，表面的には類似しているが，本当は意味や用法が異なる英語の(代)名詞，形容詞，副詞のペアを題材に，それらのペアの相違について明示的に説明することで学習者の理解が深まるか，やはり大学生を対象に実験した。

2. 仮説の背景

　文法項目への明示的指導とは異なり，「暗記する」イメージの強い語彙習得では，誤り訂正や指導の効果が大きいように経験上思われる。つまり，何度も何度も繰り返し教えれば覚えるだろうということである。この推測が正しいかどうか調べてみようと考えた。

　まず実験 A であるが，一見，英語をそのままカタカナ表記しただけのように見える語が日本語の中には少なからず存在する。そのうちのいくつかは実際の英語の用法と変わらないが，他の多くが何らかの原因により元来の意味から曲折し日本語に入り込んでしまったものや，日本人が独自に考案したもので，実は英語ではないものまでいろいろとある。いわゆる「和製英語」である。

　和製英語はかなり古くからあった。たとえば，ナイター，チャック，スキンシップ，マイカーなどは何十年も前から日本語の中で使用されている和製英語である。そして，当然のことながら，これらの和製英語を私たちが英語を話したり書いたりする際に使用しようとすれば，そのままでは意味が通じない。コミュニケーションを円滑に運ばせるためにも，私たちは和製英語に対応する正しい英語表現を知っておく必要がある。しかし，筆者の把握する限り，和製英語の正しい英語表現について，中，高，大の英語の授業でそれほど時間を取って扱われてはいないようである。この誤った和製英語への明示的指導の効果を調査するのが実験 A である。

　次に，実験 B について述べる。日本で私たちが外国語の単語の意味を把握しようとする時，日本語での訳語を通して理解するのが一般的である。たとえば，dictionary の意味が分からない時，辞書で調べて，日本語では「辞書，辞典」という意味になることを理解し，「dictionary ＝辞書，辞典」というようにその意味を理解する。このような学習の仕方が可能なのは，私たちが母語でその単語の概念やその物体をすでに知っているからである。母語を獲得する幼児の語彙獲得はこのようにはならない。彼らは概念そのものも同時に獲得していかなければならない。

しかし，日本語訳に頼る方法を工夫しなければならない時も多々ある。たとえば，problem, question, issue, matter の日本語訳はどうなるであろうか。英和辞典で調べると，これら４つのどの日本語訳においても「問題」という訳語が含まれている。この日本語訳を読んだ学習者は，そうするとこれらの英単語はすべて「問題」という訳語で考えればよいのだと理解してしまうかもしれない。しかし，それでは大いに「問題」である。この４つの単語の意味・用法はすべて異なる。
　似ているが異なるペアの例として，home/house, center/middle, hip/bottom, travel/journey/trip などの例をあげておこう。このうちのいくつかは本実験でも題材として使用する。どのペアも似た意味を表していることは確かなので，誤って使用しても伝えようとする意味を著しく理解させにくくすることはないであろう。しかし，やはり正確に伝えるに越したことはない。こういった単語の相違について，あいまいなまできたのかもしれない。違いを知らないできた別の理由として，辞書などの日本語訳を読んで「一緒だ」と思ってきたせいもあるだろう。以上のように，類似しているが異なる意味を持つ単語のペアについて，明示的指導を施すことで意味の違いについての理解が深まるかどうか調査するのが実験Bである。
　要点をまとめれば，本章で紹介する２つの実験の目的は，単語への明示的指導が日本人英語学習者（大学生）の語彙理解に貢献できるかどうか確かめることである。筆者は，語彙習得においても「今まで十分に教えられてこなかった語彙的意味の伝達を担う項目は明示的指導が効果的である」と考える。

3. 実験A：和製英語に対する指導の効果について
3.1　被験者
　実験Aの調査は，2011年４月に，筆者が英語授業を担当する大学１年生を対象に開始された。４月時には30名の被験者で始まった調査であるが，学生の授業欠席等もあり，最後まで実験に参加できた被験者は

24 名となった。この 24 名が大学入学時に受けた TOEIC の平均点は 378 点であった。

3.2　実験の手順

上述したように，実験 A は和製英語についての調査である。この実験では，数多く存在する和製英語と呼ばれるカタカナ語のうちから，筆者が任意に 20 語を厳選し，それらは実際の英語では何というか，その語彙が含まれる英文を提示しながら日英語の表現の相違を明示的に説明した。選んだ 20 語を下に示す。実験ではこの 20 語以外の和製英語は取り扱っていない。つまり，(1) の 20 語を教えて，その 20 語の正しい英語表記が書けるようになったかどうかをテストした，ということである。

(1) 実験 A で使用された和製英語と呼ばれるカタカナ語 20 語

番号	和製英語	番号	和製英語
1	サラリーマン	11	ジュース（清涼飲料水）
2	スマート	12	ホッチキス
3	ギャラ	13	コンセント
4	ガソリンスタンド	14	（学校の）レポート
5	カンニング	15	（車の）ハンドル
6	（有名人の）サイン	16	（車の）フロントガラス
7	テレビタレント	17	（野球の）フォアボール
8	ワイシャツ	18	（野球の）デッドボール
9	シュークリーム	19	（陸上競技の）ゴール
10	ソフトクリーム	20	ビジネスホテル

実験 A の手順としては，4 月中旬に，「次のカタカナ語は英語ではなんというか書きなさい」という形式でプレテストを行った。プレテスト

の結果を表2(147ページ)に載せた。この結果からも分かるように,被験者の正解率は非常に低いものであった(全体で6.7%)[1]。つまり,本実験で出題した和製英語を実際の英語ではどう表現するのか,本被験者たちはほとんど知らないまま大学生になっていたことが判明した。たいていの回答は,カタカナをそのまま英語にしたものであった。つまり,「サラリーマン」は salary man,「デッドボール」は dead ball といったように。ただし,「ギャラ」「カンニング」「ホッチキス」には無回答が多かった。これはおそらく,英語のスペリングが分かりづらかったためではないだろうか。

　このような事実を基に,筆者が行おうとする明示的指導方法を考えた。その結果,プレテスト後に3度行う予定の明示的指導の第1回目では,まず,当該和製英語に対応する英語表現を最初に全員で確認することにした。日本語の表現(カタカナ語)と正しい英語表現を比較し,直訳するとどのような意味になってしまうのか,そして,それでは意味が通じなくなることなど,さまざまな指導をした。

　第2回目と第3回目の指導では,正しい英語表記を全員で何度も音読し,文脈の中で繰り返し使用することで覚える学習法を採用した。1度の指導はどの回も25分ほど続き,毎回必ず20語すべてに対して指導を行った。表1に,実験Aの指導で使用した英文の一部を載せる。3回の指導とテストでは,英文に出てくる名詞,形容詞,動詞をできる限り入れ替えて被験者に提示した。

　直後テストは,3週続けて行った指導が終了した翌週に,そして遅延ポストテストは指導終了後,8週間経った時に行った。どちらのポストテストの形式も,名詞,形容詞,動詞の入れ替え以外は,すべてプレテストと同じ形式で行った。

---

[1] 各単語のスペリングの誤りは,よほどかけ離れたスペリングでない限り正解とみなした。たとえば,slender や slim を srender,srim と書いても正答とみなした。

- プレテスト：第1週　20個の和製英語を適切な英語表記に直させる

⇩

- 明示的指導：第2, 3, 4週
  指導内容：和製英語と対照させ，正しい英語表現を適切な文脈の中で繰り返し発話させ使用する。各25分程度

⇩

- 直後ポストテスト：第5週　プレテストと同形式

⇩

- 指導なし（7週間）：第5～11週

⇩

- 遅延ポストテスト：第12週　プレテストと同形式

表1．実験Aの指導で使用した英文（抜粋）

番号	明示的指導の中で使用された例文
1	Taro was slim/slender when he was young.
3	John's performance fee is high.
4	John works at the gas station.
5	Tom was caught cheating on the test.
6	I have a ball with Derek Jeeter's autograph.
7	Hanako used to be a popular TV personality.
8	I usually work in a shirt and tie.
9	Give me a cream puff, please.

12	I bought a <u>stapler</u> yesterday.
13	Please plug this into that <u>outlet</u>.
14	I have to hand in a <u>paper</u> on the Meiji Revolution next Monday.
18	The batter went to first base on <u>a hit by pitch</u>.
19	After five hours, Taro finally reached the <u>finish line</u>.
20	Taro usually stays at an <u>economy hotel</u> when he goes on a business trip.

4. 実験Aの結果

　実験Aの結果を表2と図1に示す。前述したように、プレテストの結果は非常に悪く（正答率6.7%）、本被験者たちは20個の和製英語の英語相当語句を「ほぼ知らない状態」と判断してもよい結果であった。しかし、3度の明示的指導後の直後ポストテストでは、その正答率が一気に上がり、88.1%にまで到達した。さらに、指導終了後8週間後に行った遅延ポストテストでも正答率は依然として79.4%あり、高い割合を維持できていたと言える。

　これらの結果から、和製英語に対する修正フィードバックを含む明示的指導は大学生にとって有効な方法であると言える。本被験者の大学生にとって、最初はまったく知らなかった和製英語に対応する適切な英語表現でも、きわめて短時間に学習できるようになることも判明した。そして、少なくとも8週間はその効果を持続できる方法であることも判明した。

表2. 実験Aの正答数と正答率 (*n* = 24)

番号	和製英語	英語	プレテスト	直後ポストテスト	遅延ポストテスト
1	サラリーマン	an office worker, a salaried worker	1	24	23
2	スマート	slender, slim	2	20	18
3	ギャラ	performance fee	0	21	18
4	ガソリンスタンド	gas station, petrol station	6	24	22
5	カンニング	cheating	3	23	21
6	（有名人の）サイン	autograph	0	19	18
7	テレビタレント	TV personality	0	17	16
8	ワイシャツ	shirt	0	24	22
9	シュークリーム	cream puff	0	20	18
10	ソフトクリーム	soft ice cream, an ice cream cone	0	21	17
11	ジュース（清涼飲料水）	soft drink, beverage	2	22	20
12	ホッチキス	stapler	5	22	20
13	コンセント	plug socket, outlet	4	21	19
14	（学校で出される）レポート	research paper, written homework, assignment	0	20	18
15	（車の）ハンドル	steering wheel	4	21	18
16	（車の）フロントガラス	windshield	0	18	16
17	（野球の）フォアボール	walk	0	23	20
18	（野球の）デッドボール	a hit by pitch	0	18	15
19	（陸上競技の）ゴール	finish (line)	3	23	22
20	ビジネスホテル	economy hotel	0	22	20
総計			32 (6.7%)	423 (88.1%)	381 (79.4%)

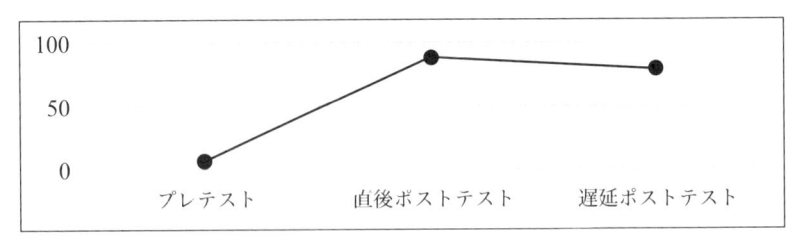

図1. 実験Aの正答率の推移

5. 実験B：類似した語に対する指導の効果について
5.1 被験者
　実験Bは，意味的に似ているが異なる使い方をする語について，明示的指導が効果的であるかどうかの調査である。2011年10月から実験を開始した。被験者は実験Aと同様に大学1年生であったが，実験Aの被験者とは異なる25名であった。入学時に彼らが受けたTOEICの平均得点は403点であった。

5.2 実験の手順
　実験Bでは，表面的には似ているが意味の異なる英語の(代)名詞，形容詞，副詞それぞれの中から，日本人英語学習者がおそらくその意味の違いを知らないだろうと思われるペアを5ペアずつ，全部で15ペア選び，それらの意味，使い方の相違について，プレテスト終了の翌週から3週連続で計3回，明示的に説明しその効果を検証した。最初の指導では，例文を全員で見ながら，なぜ誤用なのかを，まず個人で考えさせ，次にペアで考えさせ，最後に筆者が説明を加えた。2回目，3回目は筆者が用意した別の例文を使用して，ペアになってどこが誤った使い方になっているのか，そしてその理由は何かを討論させ，最後に筆者が解説を加えた。実験Aでの指導同様，1度の指導で25分程度を割いた。表3には実験Bで扱った15の語彙ペアと，指導に使用した例文（一部）を，5.3にはテスト問題を載せておく。15ペア以外のものはテストしていない。

直後ポストテストと遅延ポストテスト実施の間隔も実験Aのテストと同じようにした。すなわち，明示的指導終了の翌週に直後ポストテスト，8週間後に遅延ポストテストを実施したのである。

- プレテスト：第1週　　正しい英語を1つ選ぶ多肢選択問題

⇩

- 明示的指導：第2, 3, 4週
  指導内容：類似した語彙がどのように意味的，文法的に異なっているか，例文を示しながら説明。各25分程度

⇩

- 直後ポストテスト：第5週　　プレテストと同形式

⇩

- 指導なし（7週間）：第5〜11週

⇩

- 遅延ポストテスト：第12週　　プレテストと同形式

表3. 実験Bで取り上げた15組の(代)名詞，形容詞，副詞のペア

番号	項目	明示的指導で使用した例文（抜粋）
1	it – one（代名詞）	"Have you ever seen a raccoon dog?" "*Yes, I saw it two years ago."
2	home – house（名詞）	*You should go back to house and sleep.
3	print – handout（名詞）	*Professor Suzuki gave us a print at the beginning of every lesson.
4	custom – habit（名詞）	*Going to bed early is my custom.

5	center − middle (名詞)	*The police car stopped in the center of the road.
6	wise − clever (形容詞)	*Taro's five-year-old son is very wise.
7	cheap − low (形容詞)	*My salary is cheap.
8	interesting − fun (形容詞)	*Skiing is interesting.
9	narrow − small (形容詞)	*My room is very narrow.
10	right − correct (形容詞)	*John speaks right English.
11	too − very (副詞)	It's too/very hot today.
12	ago − before (副詞)	*I saw the TV program two weeks before.
13	fast − soon (副詞)	*A new semester will start fast.
14	at first − for the first time (副詞)	*I will go to Hokkaido at first in my life.
15	late − lately (副詞)	*I woke up lately this morning.

5.3 実験Bのテスト問題（抜粋）(実際の出題順番は異なる)

●それぞれの日本語の意味に合致するように，最も適切な語を1つ選び○で囲みなさい。(＊ここでは正解には下線部が施されてある)

1. 「タヌキを見たことありますか」「はい，2年前に見ました」
   "Have you ever seen a raccoon dog?"
   "Yes, I saw (it, <u>one</u>, another, the other) two years ago."

2. 疲れていますね。家に帰ってゆっくりと休むといいでしょう。
   You look tired. You should go back (to house, <u>home</u>, to residence, to your town) and take some rest.

3. 鈴木先生は，今日はプリントを配らなかった。
   Professor Suzuki didn't give us a (print, note, memo, <u>handout</u>)

today.
4. 早寝は僕の習慣だ
　Going to bed early is my (custom, habit, rule, role).
5. そのパトカーは道の真ん中で突然止まった。
　The police car suddenly stopped in the (middle, center, core, main) of the road.
6. 太郎の5歳になる息子はとても賢い。
　Taro's five-year-old son is very (wise, clever, honest, quiet).
7. 僕の給料は安い。
　My salary is (low, cheap, inexpensive, easy).
8. スキーは面白い。
　Skiing is (interesting, fun, funny, laughing).
9. 私の部屋はとても狭い。
　My room is very (narrow, bad, small, little).
10. ジョンは正しい英語を話す。
　John speaks (right, beautiful, terrible, correct) English.
11. ものすごく暑いですね（暑くて、もう耐えられないような時）。
　It's (very hot, a little warm, too hot, rather hot) today.
12. 僕は2週間前にそのテレビ番組を見た。
　I saw the TV program two weeks (later, before, ago, soon).
13. 新学期がすぐに始まる。
　A new semester will start (later, fast, soon, before).
14. 僕は初めて北海道に行きます。
　I will go to Hokkaido (for the first time, at first, recently, first) in my life.
15. 私は今朝、遅く起きた。
　I woke up (lately, slow, late, latest) this morning.

6. 実験 B の結果

　表4と図2に実験Bの結果を載せる。まずプレテスト結果であるが，平均正答率が30.3％であった。この結果は実験Aのプレテスト結果よりもかなり良いが，相対的に見ればやはり低い正答率であったと言ってよい。実験Aでの調査内容と同様に，実験Bで調査した内容に関して，本被験者たちは十分な知識を持っていなかったことが判明した。

　しかしながら，指導終了後に実施した直後ポストテストでは，正答率が80.1％まで上昇している。そして，指導終了8週間後の遅延ポストテストでも73.9％という高い正答率を維持していることが判明した。つまり，プレテスト時に比べて，最終的に43.6％も正答率が有意に向上しているのである。

　これらの結果から，実験Bで調査した領域は，実験Aの領域と同様に，明示的指導の効果が発揮しやすい領域であると言えよう。誤った語用法に対してや，微妙な意味の相違について十分に説明を受けていなかった類似語句の区別には明示的な指導が効果的であることを物語っていると考えられる。

表4. 実験Bの正答率（（　）内は正答数。$n=25$）

番号	項目	プレテスト	直後ポストテスト	遅延ポストテスト
1	it – one	46.0%（23）	76.0%（38）	78.0%（39）
2	home – house	36.0%（18）	80.0%（40）	80.0%（40）
3	print – handout	26.0%（13）	96.0%（48）	80.0%（40）
4	custom – habit	18.0%　（9）	72.0%（36）	60.0%（30）
5	center – middle	18.0%　（9）	74.0%（37）	66.0%（33）
6	wise – clever	20.0%（10）	70.0%（35）	72.0%（36）
7	cheap – low	36.0%（18）	80.0%（40）	84.0%（42）
8	interesting – fun	42.0%（21）	86.0%（43）	80.0%（40）

9	narrow - small	38.0% (19)	92.0% (46)	86.0% (43)
10	right - correct	26.0% (13)	68.0% (34)	56.0% (28)
11	too - very	16.0% (8)	98.0% (49)	92.0% (46)
12	ago - before	42.0% (21)	88.0% (44)	78.0% (39)
13	fast - soon	34.0% (17)	80.0% (40)	70.0% (35)
14	at first - for the first time	28.0% (14)	72.0% (36)	64.0% (32)
15	late - lately	28.0% (14)	70.0% (35)	62.0% (31)
平均		30.3% (227)	80.1% (601)	73.9% (554)

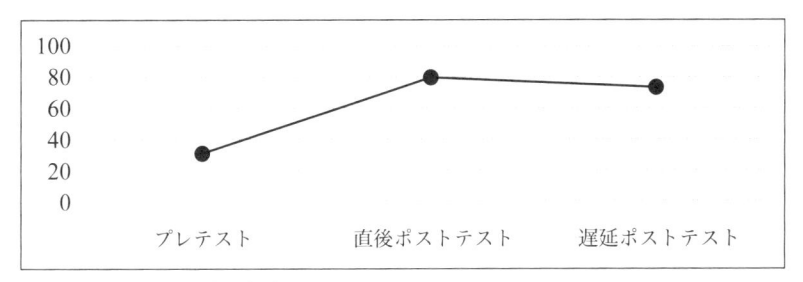

図2. 実験Bの正答率の推移

7. 本章のまとめ

　単語の意味的誤りを明示的指導によって軽減することができるかを実験によって調査するのが本章の目的であった。実験結果は，誤り訂正を主体とする明示的指導方法は有効であった。つまり，単語の意味を教えるには，はっきりと明示的にその使い方や意味を指導するのがよいということだ。この結果は，ある意味，常識的（当たり前）のようにも思われる。「教えれば覚える」ということだからだ。しかし，文法習得では，この常識は必ずしも常識とはなりえない。このような点が，語彙の（意味的）習得・教授と，文法の（機能的）習得・教授とで異なる点なのかもしれない。

8. 語彙の指導におけるポイント

　実験 A に関し，和製英語，またはカタカナ語は巷にあふれている。両者の発音の違い，意味の違いなどを扱うことで，日常よく使用される語彙を増やすこともできる。和製英語については，なぜそのような言い方が生まれたのかを考えることから，言語についてのメタ知識，言語についての関心も増加させることができよう。教師はこのようなカタカナ語を上手く英語教育に応用することをもっと考えてもよいと考える[2]。

　実験 B に関し，学習者が単語の意味を誤解することについては，やはり教師がその違いを明確に教えていないため，学習者は同じ意味だと思ってしまっているのだと思う。英英辞典を引いて2つ（以上）の類似した語の違いを理解できる生徒はそれでよいが，残念ながら現実的にはそのような生徒は少ない。やはり，教師が意識して教えるべきである。そのためには教師が英語力をつけていくしかない。

　初級学習者を相手にする中学校の英語教育では，細かな単語の用法の違いの指導まで行う時間的余裕がないかもしれない。また，生徒たちは類似した単語の微妙な違いや，教師からの説明が分かるほどに英語能力や一般認知能力が高くはないかもしれない。そうなると，次第に正確に英語を使用できるようになることも目標とする，高校，そして，大学の英語教育で，単語の意味・用法の相違についての勉強をもっとすべきなのであろうし，大学での英語教育の役目なのだと痛感する。

---

[2] 本書では扱っていないが，和製英語を含むカタカナ語と，本来の英語の発音を比較して，日英語の発音や強勢の違いについて教えることも発音指導には役立つ方法であると考える（たとえば，バナナと banana，パイナップルと pineapple の発音の違いなど）。この方法は，小学校での外国語活動にも応用できる。

第 9 章
学習者の誤りを一度に複数種類修正する効果

【本実験で検証すること】
- 規則の内部構造が複雑な項目には明示的指導の効果が薄い。
- 文法的機能の伝達が主となる項目には明示的指導の効果が薄い。
- 母語に同じ概念・構造が存在しない項目には明示的指導の効果が薄い。
- ある文法項目の規則について理解している段階に到達していない学習者には，当該項目への誤り訂正を試みても効果的ではない。
- 指導の焦点が定まらず，闇雲に直す方法は効果的ではない。
- 学習者の母語とは特性が異なってもほとんど誤りをしない項目もある。

1. はじめに

「英作文」の指導で，教師が学習者の犯す全ての誤りに赤ペン等でアンダーラインを引き，その横に正しい英語を書き，生徒に返却する方法がある。場合によっては，その後，生徒は教師から返却されるその添削を丹念に読み返し，自宅等で誤りを適切な形式に書き直し，全体を清書し，再び教師に提出するところまで行う場合もある。

この添削指導法は，学習者の書く英文が，たとえば 2〜3 文と短く，しかも提出する生徒の数が比較的少人数の場合には，英語能力を向上さ

せる効果があるかどうかは別としても，定期的に行うことも可能な方法であろう。

しかしながら，学習者の産出したすべての誤りに修正を施し返却することは，以下にあげる理由により，教師や生徒に大きな負担となる。

・学習者の書く英文が長くなればなるほど，生徒一人分でさえも修正に非常に時間がかかる。
・何となく誤りだと気づいたとしても，英語母語話者ではない日本人教師には，それをどう直せばよいか判断に迷う場合もありうる。
・日本人教師には誤りだとは気づかない誤りもある。
・生徒の中には，あまりたくさん直されると嫌気がさし，修正を吟味しないままに放っておいてしまう者もいる。
・多種類の誤りを一度に修正する方法が，そもそも本当に効果的な方法か十分に検討されていない。

とは言え，誤りを全面的に直して返却する方法が，時間と労力に見合った非常に効果的な方法であるかもしれない。よって，本実験では学習者の書く英文エッセイの中で彼らが犯すほぼすべての誤りに対して，教師が赤ペンで指摘・修正する指導法について取り上げ，この方法が学習者の英語能力の向上に本当に効果的な方法なのかどうかを考察する。教師が費やす多大な労力と時間が報われないならば，誤りの全面修正はやめて，他のもっと効率の良い指導法を選択すべきだと提案することになる[1]。

本章では，分析を大きく2つに分け，(i) 文法形態素レベルでの誤り（つまり，局所的誤り）への明示的指導の効果についての考察と，(ii) 文の統語構造に関わる誤り（つまり，包括的誤り）への修正効果の考察，に分けて議論していく。

---

[1] 本章での調査は，白畑（2015）の続編的意味合いを持つものである。

このように，誤りの種類を，質的な相違によって「局所的誤り」(local error) と「包括的誤り」(global error) の2種類に下位区分し始めたのは，1970年代のことである。局所的誤りとは，文法形態素の欠落や時制の誤りなど，「比較的，伝えようとする文の意味理解には影響を及ぼさない誤り」のことである。一方で，包括的誤り（「全体的誤り」と訳される場合もある）とは，「話し手が伝達しようとする意味を聞き手が理解するのに大きく悪影響を及ぼし，相手の理解を著しく低下させてしまう誤り」の総称である[2]。

どちらの誤りの方が教師は指摘しやすいか。それは局所的誤りの方である。指摘する箇所がピンポイントで表示でき，その他の部分は学習者のオリジナルな発話の形式を残しておけばよいからである。(1) に載せる実際の例を見てみよう。(1a), (1b) とも，ある1人の大学生の書いた英文エッセイからの抜粋である。

(1) a. When I was a elementary school student, I've had a black cat for six year.
   b. I think cats are more attractive than dogs, because they call less than dogs. I like their behavior that never today to human.

筆者の判断からすれば，(1a) は局所的誤りが3つ含まれる文で，(1b) は包括的誤りが含まれる文ということになる。(1a) の誤りはどれも容易に指摘しやすい。一方，(1b) の最初の下線部の意味が筆者には全く理解できない。おそらく，何か別の動詞を使おうとしたのだが，call を使ってしまったのではないだろうか[3]。2番目の下線部の意味は，推測であるが，「僕は現在の人間が忘れてしまっている（または，人間の持っ

---

[2] どの程度の誤りをもって包括的誤り，または局所的誤りと定義するか，明確に区別することは難しい。本章での基準は，「修正後の統語構造がかなり異なってしまう誤り」を包括的誤りと判断することにする。

ていない）猫の振る舞い（または，行動）が好きだ」といった内容を伝えたかったのではないだろうか。もしそうであるならば，教師はこの英文の誤りをどのように修正し，学習者に提示してあげればよいのであろうか。このような修正案を考え出すにはかなりの時間が必要となる。

　以上の2つの例からも分かるように，教師にとって，局所的誤りは指摘がしやすく，学習者も指摘されればすぐに気づきやすいものが多い。しかし，修正されなくてもコミュニケーションを取る上ではさほど問題がない誤りとも言える。一方，包括的誤りは，相手とのコミュニケーションに支障をきたす可能性が高く，修正する必要性が高いものなのであるが，教師側にとって，適切な構造に修正するのが難しく，かつ時間もかかる。さらに，その修正を学習者が理解してくれるかどうかという問題もある。以上の議論を踏まえて，大学生の書く英文エッセイを対象に，局所的誤りと包括的誤りへの明示的指導の効果検証実験を試みた。

2. 仮説の背景

　本実験を報告する前に，その先行的研究となる白畑（2015）について説明する。白畑（2015）の研究目的は，学習者が書いた英文に現れるすべての誤りに対し，教師が訂正し，翌週返却，その後，正しい英文に清書させて再提出させる指導方法の効果について考察するものであった。被験者は筆者が英語を教える大学1年生10名（TOEICの平均得点は450点）であった。宿題として毎週英語によるエッセイ・ライティングが義務づけられ，受講生は授業のたびに，自宅で書いてきた150語程度の英文を提出することになっていた。エッセイのテーマは自由である場合と，筆者が指定する場合があった。

　この英語授業の担当者である筆者は，2010年4月に日本の大学で教えている英語母語話者1名の協力を得て，この10名の書いた英文を

---

[3] 筆者にはなぜここでcallなのか見当がつかなかったのだが，大修館書店編集部から，これは「call＝鳴く」と思ったための誤りなのでは，というご指摘をいただいた。それだと「猫は犬ほど鳴かないから」となり，合点がいく。

10週連続して添削し，翌週本人に返却した。被験者たちは，その返却された英文を読み，修正個所を直した上で，その翌週，実験者に英文を再提出した。

　10週間の明示的指導の効果検証として，どのような内容の英文エッセイにも比較的よく出現する，動詞過去形，冠詞などの使用の適格性を分析した。その結果，10名のどの被験者においても，最終回であった第10回目のエッセイ中に，依然としてかなりの誤りが産出されていたことが判明した。したがって，結論的には，2か月余りにわたり，10度も誤りを修正したにもかかわらず，被験者の犯す誤りの数には大きな変化がないことがわかった。

　一方で，実験者である筆者の負担は大きなものであった。わずか10名の学習者が150語程度で書いた英文への誤りの指摘・修正であったにもかかわらず，添削に費やした時間，特に包括的誤りに対して，「この英文はどのように直すべきか」を，筆者が熟考する時間が非常に長かった。しかも，英語の母語話者ではない筆者にとって，誤りをどのように訂正すべきか迷うこともしばし生じた。そのような際，自分の誤り訂正に自信のない場合も多々あり，協力をお願いしていた英語母語話者に頻繁に質問をすることとなった。

　筆者同様，日本の教室場面で英語を教える教師の大多数が日本語を母語とする「非英語母語話者」である。もちろん，（小），中，高校の教員は教員免許状を持ち，大半が教員採用試験等の採用試験に合格して教員となっているのであるから，全員が一定以上の英語能力を持っている。しかしながら，英語が母語ではないために直感が働きにくいという課題は常に残る。特に，学習者の文法的誤りを指摘し，適格な形式に直すという側面において，この弱点が顕著に表れる[4]。

---

[4] 一方で，生徒と同じ母語を持つ者が教えるという利点には次のようなものがある。(i) 生徒にとって，「英語ができる日本人」の最も身近な存在，(ii) 英語学習者としての先輩，(iii) 何が難しいか，どこでつまずくのか，経験的に知っている，(iv) 日本語を使用して指導ができる，(v) 生徒が日本語で質問できる。

もう1つ別の問題として,「学習者の理解度に起因する問題」というものがあげられる。動詞過去形や冠詞などの文法形態素以外にも学習者の英文中には多くの誤りがあり,それらにも修正が施された。(2) を見ていただきたい。これらはその一部である。一文目は被験者が実際に書いた英文,矢印 ⇒ の先は筆者が修正した英文である。(2a) は異なるが,(2b, c, d) は同じ学生が書いたエッセイからの引用である。

(2) a. At last, we thought that Momo is female.
　　　⇒ Initially, we thought that Momo was（a）female.
　　　　　（最初,私たちは（猫の）モモはメスだと思っていた）
　　b. When I was elementary school student, I injured my right thigh and had fifteen stitches. I didn't ache.
　　　⇒ It didn't hurt.
　　　　　　　　　　　（右の太ももを縫ったが痛くはなかった）
　　c. But, it is disgusting event.
　　　⇒ But, it was a terrible/disturbing experience.
　　　　　（でもそれ（＝右太ももを縫ったこと）は嫌な出来事だった）
　　d. I injured head in turn.　　⇒ I received an injury to my head.
　　　　　　　　　　　　　　　　　　（今度は頭を怪我した）

　この,学習者の理解度に起因する問題とは,はたして,(2) に示すような誤り訂正の意味,つまり「なぜ自分の書いた英語が誤りであって,このように直されたのか」を学習者が理解できない場合もあるのではないか,ということである。この疑問に答えを出すため,白畑 (2015) では,実験後にアンケート調査を実施した。その回答をまとめると,10名の被験者の多くが,修正点が理解できていなかったことが判明した。表1のQ1を参照されたい。
　修正点の理解については,学習者の英語力や論理的思考能力が大いに関係していると思われる。そして,TOEICのスコアが450点あたりの

学習者にとって，文の構造を根本的に変えられてしまう誤り訂正を受けても，その意味が分からず，結局，修正されてもほとんど役に立たないと被験者は感じていることが判明した。加えて，文法形態素の中でも動詞の過去形の誤り訂正は指摘されればすぐに理解できるが，冠詞などは教師から正しい形を提示されても，根本的にはその修正の意味が理解できていないことも判明した。

表1．教師の誤り訂正に対する学習者10人の感想

Q1：赤ペンで直された箇所の意味がどの程度理解できたと思うか？	
項目	人数
ほぼ（80％以上）理解できた	0人
だいたい半々ぐらい理解できた	6人
理解できなかった箇所の方がずっと多かった	4人
Q2：どんな項目の誤り訂正が理解できなかったか？	
項目	人数
文の構造がかなり変わってしまう時	10人
冠詞	10人
名詞の複数形（特に不可算名詞の場合）	4人
正しいと思って使用した単語が他のものに換えられた時	8人

　以上の結果から，白畑（2015）の結論は，学習者が書く英文内のすべての誤りに対し，訂正を施す指導法は，教師の労力に見合った効果は得られず，あまり推奨できる方法ではないということになる。この結論が妥当性の高いものであるかどうか，追実験的に試みたものが本章で紹介する実験結果である。

3. 実験
3.1 被験者
　被験者は筆者が英語を教える 10 名の大学 1 年生で，TOEIC の平均点は約 460 点である。この英語授業は 2014 年の後期に開講された教養教育の英語授業である。実験開始当初は 13 名の受講生が登録していたが，途中で 3 名が欠席等で離脱したため，最終的に 10 名となった。全員が英語専攻ではない。

3.2 実験の手順
　授業の一環として，毎週，異なるテーマでのライティングの宿題が課せられ，150 語ほどの長さのエッセイを書いてくるよう指示が与えられていた。エッセイのテーマは，"My hometown"，"What I did last weekend"，"My favorite person"，"My favorite movies/comics/books"，"What I got very angry recently" などであった。

　筆者は，被験者たちの書いてきた英文を授業時に受け取り，それを持ち帰り，研究室（または自宅）で添削し，誤りを指摘，翌週本人に返却した。返却の際に 1 人に数分をかけて，誤りについて明示的に説明を加えた[5]。この作業を本実験では 5 週連続して行った。白畑（2015）と異なる点は，添削した英文を返却する際に，各被験者と英文内容について話す時間を設けたことである。

　具体的調査項目を (3) と (4) に載せる。10 名の被験者の内，(3i) を中心に調査した被験者が 4 名（被験者 A，B，C，D），(3ii) を中心に調査したものが 6 名（被験者 E，F，G，H，I，J）であった[6]。この 6 名の選択は，最初のプレテスト時において，包括的誤りが見られた被験者であったためである。

---

[5] 被験者が，誤りの理由が分からなかったり，訂正された英文が理解できなかったりした場合は，さらに時間を費やすことになった。
[6] 受講生が元々13 名であったため，(3i) が 7 名，(3ii) が 6 名と振り分けたのであるが，(3i) の被験者の内，3 名が途中離脱してしまったため，このような被験者の割合になった。

(3) 調査項目[7]
　(i)「局所的誤り」への明示的指導：代名詞の格，語順（主要部の位置），進行形（be -ing），主語と be 動詞の一致（人称，数），受動態（be -en），可算名詞の複数形，冠詞，前置詞
　(ii) 文の統語構造に関わる「包括的誤り」への明示的指導

(4)「局所的誤り」項目の具体的構造
a.　代名詞の格
　日本語は，名詞や代名詞の後に格助詞と呼ばれる助詞を付加することによって他の語に対してどのような関係になるかを表す。英語では普通名詞は接辞の付加による格変化はしないが，代名詞は，主格，所有格，目的格によって，そして人称，数によって格が変化する。格変化の誤りについて指導する。

・日本語：彼が彼女を愛している。彼女が彼を愛していない[8]。
・英語：He loves her. She doesn't love him. We love them. They don't love us.

b.　語順
　下記の例に示すように，日本語では，句の主要部（head），つまり句の中心となる要素（動詞句ならば動詞）は句の後方に置かれる。英語では先頭に置かれる。すべての句，節において，両言語ではまったく逆の語順となる。主要部が先頭に来ていない誤りについて指導する。

・日本語：朝ご飯を食べる（動詞句），ローマ帝国の滅亡（名詞句），
　　　　　沖縄から（後置詞句）

---

[7] Yes/No 疑問文や Wh 疑問文構造と関連する文法項目（例：do 挿入）なども本来ならば調査すべきなのであろうが，学習者が一方向的に書く英文エッセイの中には出現しにくいため，今回の調査には含まれていない。
[8] ここでは「彼」「彼女」を日本語の代名詞と見なすことにする。

・英語：eat breakfast（動詞句），the fall of the Roman Empire（名詞句），from Okinawa（前置詞句）

c. 進行形（be -ing）

　一般に日本語では，「〜ている」という表現を使用して進行形を表す。英語では，be -ing を使用する。先行研究によれば，be を欠落させる誤りの方が，-ing を落とす誤りよりも圧倒的に多いことが判明している[9]。助動詞 be と拘束形態素 -ing の両方の誤りについて指導する。

・日本語：太郎は今テレビを見ている。
・英語：Taro is watching TV now.

d. 主語と be 動詞の一致（人称，数）

　英語では，主語の人称，数によって後ろに来る be 動詞の形が変わる（be ⇒ am, is, are）。日本語ではそのような変化は起きない。人称，数の変化に応じて正しい形が使用できていない場合，指導をする。

・日本語：吾輩は猫である。／君はとても賢い。／太郎は大学生である。
・英語：I am a cat.／You are very smart.／Taro is a university student.

e. 受動態（be -en）

　日本語では動詞に「〜れる，〜される」などを付加し語形変化して受動態を表す。英語では，be -en（by）の構造を使用する。この英語の形式に誤りがある場合，指導する。

---

[9] Shirahata（1988），寺内（1994）。

・日本語：英語は多くの国で話されている。
・英語：English is spoken in a lot of countries.

f.　可算名詞の複数形

　日本語では，基本的に名詞の複数形はない。英語には複数形が存在し，さまざまな形で表現される。本実験では可算名詞の複数形のみを対象とする。

・日本語：僕は本を3冊買った。今日はやることがたくさんある。
・英語：I bought three books today. I have a lot of things to do today.

g.　冠詞

　英語の冠詞には不定冠詞（a, an）と定冠詞（the）があり，文中で，cat，dog，lion といった単数可算名詞が用いられる場合，必ず冠詞，または this, that, his, her といった冠詞に相当する語句（つまり，限定詞）を必要とする。日本語には英語の冠詞にあたるものはない。

・日本語：僕は机の上に辞書を置いた。
　　　　　今朝，須田さんという男性に会った。
・英語：I put the dictionary on the desk.
　　　　I met a man called Mr. Suda this morning.

h.　前置詞

　前置詞の役割は，その目的語となる（つまり，前置詞の後ろに来る）名詞的要素が，文中の他の要素とどのような関係にあるかということを示すのに用いられる語である。前置詞句全体としては，副詞句になったり形容詞句になったりする。第6章でも論じたが，日本語では英語の前置詞と類似した働きを格助詞が行う場合もあるが，下記の例からも分かるように，必ずしもそのように呼応するわけではない。

・日本語：太郎と健は駅から駿府城跡に向かって出発した。
　　　　　黒いコートを着た男性は窓のそばの女性を愛している。
・英語：Taro and Ken started from the station for the site of
　　　　Sumpu Castle.　　　　　　　　　　　　　　　（副詞句）
　　　　The man in a black coat loves the woman by the window.
　　　　　　　　　　　　　　　　　　　　　　　　　（形容詞句）

3.3　実験で用いたテスト問題（例）

　授業の第1回目と第2回目に教室内および宿題で書いてきた英文エッセイを，学習者の現状を知るプレテストとして使用した。そして，第3週目からの5週間（5回）が指導期間であった。5回の明示的指導が終了した1週間後と2週間後，それぞれ90分の授業時間の内の60分間を使って，被験者に英文でエッセイを書いてもらった。これが「(3i)局所的誤り」に対する「直後ポストテスト」となった。

　一方，「(3ii)　包括的誤り」については，被験者がプレテストから直後ポストテストまでの期間に産出した包括的誤りが適切な英文で書けるようになったかどうかでテストした。つまり，被験者が誤って書いた英文に対応する内容を日本語で提示して，それを英語に訳させる形でテストした。次の(5)と(6)にその例を示す。10人の被験者とも，一度自分が誤った英文を正しく表現できるようになったかどうかテストされたわけで，全員が異なる英文のテストを受けたということである。

(5) プレテストの英文とそれに対する指導

a. 被験者Eの原文（プレテスト時）
This occurrence learned me that we decide the impression of the country through mecting person.
b. 筆者が指導時に修正した英文
"This occurrence taught me that we can determine the character of a country through meeting its people."

> または，
> "This occurrence taught me that we get the impression of a country through meeting its people."
> でも良いと思います。

(6) 直後ポストテストと遅延ポストテストでの被験者Eへの質問例

> Q：次の日本語を英語にしなさい。
> 「今回の出来事は，私たちは（その国で）出会う人たちによってその国の印象を決めてしまうのだということを私に教えてくれた。」

　そして，直後ポストテスト終了の5週間後と6週間後の2週間にわたって遅延ポストテストを実施した。その方法は，直後ポストテストで採用した方法と同一である。

> ・プレテスト：第1, 2週
> 分析対象：授業中の英文エッセイと宿題の英文エッセイ

⇩

> ・指導の実施（5週間）：第3, 4, 5, 6, 7週
> 指導内容：宿題で書いてきた英文ライティングを添削・誤りを指摘し，本人への返却時に明示的に説明を加える

⇩

> ・直後ポストテスト：第8, 9週
> 分析対象：局所的誤り―授業中の英文エッセイ
> 　　　　　包括的誤り―プレテストの包括的誤りが適切に書けるようになったかテスト

⇩

> ・指導なし（7週間）：第8～14週

⇩

・遅延ポストテスト：第 15, 16 週　　直後ポストテストと同形式

3.4　明示的修正例

　まず，筆者が被験者の英文エッセイに対してどのような明示的修正を行ったか，その一例を (7) に載せておく。この被験者 E は，包括的誤りに焦点を当てた被験者である。なお，実際のコメントでの修正等は赤ペンで書いたが，本書では下線で示した部分が筆者の加筆（例：home is in），取り消し線は「その部分は削除しなさい」の意味（例：~~town is the~~），「⇒」は「全文を書き直すとこのようになる」ということを示す。

　(7) 被験者 E への第 1 回目の修正とコメント：

My ~~town is the~~ <u>home is in</u> City of Fujinomiya.
　⇒ My home is in City of Fujinomiya.
Fujinomiya City is inside ~~of~~ Shizuoka Prefecture.
　⇒ Fujinomiya City is inside Shizuoka Prefecture.
It is ~~so~~ <u>very</u> close ~~up~~ <u>to</u> Mt Fuji.
　⇒ It is very close to Mt. Fuji.
Mt. Fuji is a big mountain and, registered <u>as</u> a world heritage.
As a result, ~~it is more increase a tourist~~.
　⇒ As a result, there has been an increase in tourism / more tourists go there.
But, I have never climbed Mt. Fuji. I want to climb <u>it</u> once ~~it on~~ <u>in</u> my life.
　⇒ I want to climb it once in my life.
~~Some other place~~ <u>In addition</u>, Fujinomiya is famous ~~a~~ <u>for</u> gourmet "Fujinomiya fried noodles".

> It is ~~more~~ harder than <u>interruption fire noodles</u>.
> 　⇒ 意味が？[10]
> Fujinomiya fried noodles ~~a feature of use lard~~ <u>feature the use of lard</u>.
> 　⇒ Fujinomiya fried noodles feature the use of lard.
> And, it is covered <u>with</u> fish powder.
> I think ~~of best~~ <u>the most</u> delicious <u>of</u> Fujinomiya fried noodles <u>is the</u> cooking of "Fujinomiya Fried Noodle Society".
>
> ◎コメント：1箇所，意味が分からないところがありました。直された箇所をもう一度確認し，書き直して来週提出してください。質問があれば来週の授業終了後に来てください。

3.5 包括的誤りへの明示的指導例

　筆者が実践した包括的誤りへの明示的指導法について説明していきたい。「包括的誤りである」と筆者が判断した英文のいくつかを表2に例示する。左欄が被験者の原文で，それに対する筆者の修正案が右欄である。実際には，被験者へは別紙に記入して渡した。そして，当該箇所だけではなく，エッセイの全文をもう一度書き直して，翌週に再提出するように伝えた。

4. 実験の結果

4.1 局所的誤りへの明示的指導の結果

　4名の被験者に焦点を当てた局所的誤りに関する明示的指導の結果を表3と図1に示す。この実験結果から分かったこととしては，まず，

---

[10] 被験者Eに後で聞くと，「富士宮焼きそばは，他の焼きそばに比べて麺が硬い」ということを言いたかったとのことである。

TOEICの平均得点が460点あたりにいる大学1年生の学習者にとって，ほとんど誤りをしない文法項目がある，ということである。それらは，「代名詞の格」「語順（主要部の位置）」「進行形（be -ing）」「主語とbe動詞の一致（人称，数）」であった。これらの項目は，日本語とは異なる特性を持つにもかかわらず，日本人英語学習者には学習が容易な文法項目であることが判明した[11]。よって，こういった項目は時間をかけて教える必要がない，という結論が導き出される。

次に，それに準ずる項目として「受動態（be -en）」がある。受動態に関する誤りのほとんどが助動詞beの時制に関するもので，特にwas/wereの過去形にすべきところをam/is/areの現在形にしているという誤りであった。また，過去分詞形の誤りでは形の誤りが目立った。（例：spokenにすべきところをspokeとしているように，現在形との混同ではなく，過去形との混同が目立った。）

一方，調査項目の中で比較的誤りの多かった項目は3項目あり，それらは，「可算名詞の複数形」「冠詞」「前置詞」であった（表3参照）。このうち，可算名詞の複数形と冠詞は「プレテスト―直後ポストテスト」間では有意に指導効果が認められた（複数形：73.4% ⇒ 84.6%，冠詞：45.2% ⇒ 65.8%）。しかし，「プレテスト―遅延ポストテスト間」では有意な差がなくなっていた。また，前置詞に関しては，どのテスト間においても有意差はなかった（67.8% ⇒ 65.8% ⇒ 66.7%）。

以上の結果を総括すると，天井効果的項目もかなりあるので，一概に全項目を同一レベルで比較することは難しいが，明示的指導の効果があったのは「名詞複数形」と「冠詞」における「プレテスト―直後ポストテスト」間のみであり，局所的誤りに関し，学習者の英文エッセイにおける誤りを全面的に直し返却する方法は，一時的には効果を発揮する項目もないとは言えないが，その後で指導をやめてしまうと再び誤り率

---

[11] 代名詞の格変化の誤りで最も多かったものは，所有格の誤りである（例：And it deepened their's love greatly.）。

表2. 包括的誤りの修正例

被験者	原文	修正文
E	As a result, it is more increase a tourist.	As a result, there has been an increase in tourism [more tourists go there].
	Fujinomiya fried noodles a feature of use lard.	Fujinomiya fried noodles feature the use of lard.
	It used to spring water in Mt. Fuji.	It uses Mt. Fuji spring water.
F	I was got angry by chef.	The chef got angry at me.
	Recently the job which I can't do however I can do before increased.	Now, I can do the job better than before. However, I could not do it well when I started it.
	I want to do job hard with resolution, because I am given salary.	I want to do job better [I want to work] with resolution, because I am given a good salary.
H	Hamburg came. That was so juicy. What method how to eat that delicious is the half of that with source, and the other half of that with salt.	The hamburger came. That steak was so juicy. [It was so juicy.] The best method that I know of to eat delicious steak is to eat half of it with sauce and the other half with salt.
I	Recently, I am get bitten, but I disliked before.	Recently, I have gotten used to getting bitten, but I dislike it less than before.

表3. 局所的誤りに属する各項目における正答率 (n = 10)

	調査項目	プレテスト	直後ポストテスト	遅延ポストテスト
a	代名詞の格	98.4%	100.0%	100.0%
b	語順（主要部の位置）	100.0%	100.0%	100.0%
c	進行形（be）	92.5%	94.2%	96.1%
	進行形（-ing）	100.0%	98.8%	97.8%
d	主語と be 動詞の一致（人称・数）	96.5%	97.4%	96.8%
e	受動態（be）	85.1%	83.4%	88.2%
	受動態（-en）	90.0%	88.4%	91.2%
f	可算名詞の複数形	73.4%	84.6%	75.1%
g	冠詞	45.2%	65.8%	50.7%
h	前置詞	67.8%	65.8%	66.7%

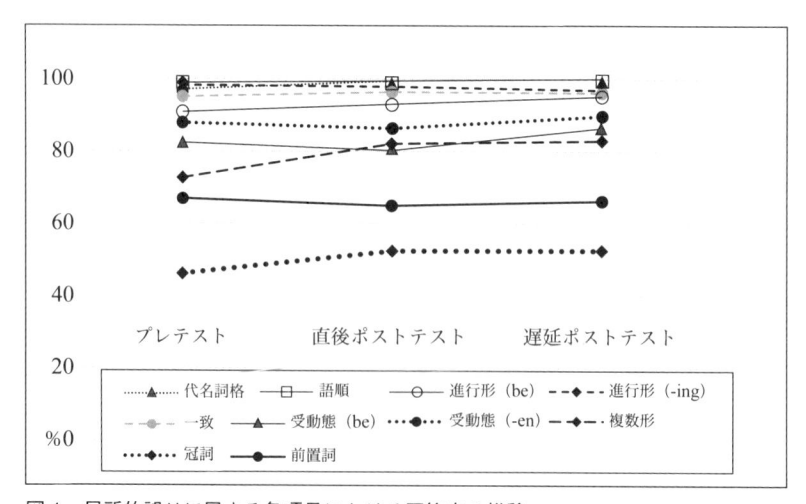

図1. 局所的誤りに属する各項目における正答率の推移

が上昇してしまい，時間と労力に見合った効果が発揮できない指導法であると言えよう。

　なぜ，特に名詞の複数形と冠詞は明示的指導の効果が遅延ポストテスト時まで持続しなかったのか。この原因として，これらの2つの文法規則には共通する特性が3つあり，それらは，(i) 規則の内部構造が複雑であること，(ii) 文法的機能の伝達が主となる項目であること，そして (iii) 学習者の母語（日本語）に同じ概念・構造が存在しない項目であること，である。この3要因が重なり，明示的指導の効果，ひいては習得自体を困難にさせているのだと推測する。

4.2　包括的誤りへの明示的指導の結果

　6名の被験者を対象とした，包括的誤りへの明示的指導の結果を表4に示す。筆者の示した模範解答例とまったく同じでなくとも，文法的に意味が通じるように書かれていると判断された場合は，「正しく修正できている」と見なすことにした。総合的な結果から分かったことは，修

表4.「包括的誤り」への明示的指導の結果

被験者	プレテスト時から直後ポストテスト時までの包括的誤りの文	直後ポストテストでの修正数	プレテスト時から遅延ポストテスト時までの包括的誤りの文	遅延ポストテストでの修正数
E	3	0/3 (0.0%)	9	1/9 (11.1%)
F	2	1/2 (50.0%)	6	2/6 (33.3%)
G	4	0/4 (0.0%)	11	1/11 (9.1%)
H	3	0/3 (0.0%)	9	0/9 (0.0%)
I	2	0/2 (0.0%)	14	3/14 (21.4%)
J	3	1/3 (33.3%)	15	2/15 (13.3%)
合計	17	2/17 (11.8%)	64	9/64 (14.1%)

正後の英文を被験者は，意味の通じる適切な構造にほぼ再生できないということである。自らが書き，その後，清書した英文であってさえも，しばらく時間をおいてしまうと，適切に表現できなくなってしまうということである。包括的な誤りに対して明示的に指導をし，誤りに気づかせたとしても，長期的にはその効果は薄いということが結論として言えるのではないだろうか。この結果の根底には，学習者の現在の英語の習熟度をはるかに越えてしまっている誤り訂正は，結局のところ，学習者には対処しきれない誤り訂正である，ということを示唆しているものと思われる。

5. 本章のまとめ

　本章では，英文エッセイの中の誤りをほぼすべて直して返却する方法は，その時間と労力に見合った指導法であるかどうかについて，局所的誤りへの明示的指導の効果と，文の統語構造に関わる包括的誤りへの修正効果に分けて議論したが，結果として，英語のライティングにおいて，学習者の産出するすべての誤りに修正を施し返却する指導法は効果が期待できないことが判明した。この結論は，白畑（2015）と同様である。

　その他，本実験結果から，規則の内部構造が複雑な項目は明示的な誤り訂正の効果がない，文法的機能の伝達が主となる項目は明示的誤り訂正の効果がない，母語に同じ概念・構造が存在しない項目は明示的誤り訂正の効果がない，ある文法項目を十分知っている段階に到達していない学習者には当該項目への誤り訂正を試みても効果的ではない，指導の焦点が定まっていない方法は効果的ではない，母語とは特性が異なってもほとんど誤りをしない項目もある，という仮説を提唱したい。

6. 一度にすべての誤りを修正する指導におけるポイント

　本章においては，「指導ポイント」ということばは相応しくないかもしれない。つまり，本実験結果から，上述のように，学習者の誤りをすべて直して返却し，学習者に清書させて再提出させる方法は，教師の負

担が大きいだけで，その労力に見合った効果が期待できないため，推奨しないという結論が導かれたからである。よって，教師は学習者の犯すすべての誤りを直す指導法はやめた方がよい，ということが「指導ポイント」となる。

　指導効果のない原因の1つには，学習者にとって，一度に多くの誤りを直されると修正への焦点が定めにくくなってしまい，結果として，どの誤りに対しても注意が散漫になってしまうからではないだろうか。誤りへの指導を行うならば，負担過剰にならないためにも，やはり1回で1つの文法項目に焦点を絞って行うべきである。

　さらに学習者側の視点からであるが，教師からの誤り訂正をしっかりと読み直さない者もいるようである。原因として，苦心して書いた英文を跡形もなく直されるとやる気がなくなってしまうのかもしれない。さらに，教師が誤りを指摘し適切な形として提示しても，包括的な誤りの領域では，結局「何を直されたのか分からない」場合も少なからずあるようである。このような事実は，学習者の誤りをむやみに直しても効果的ではないという主張の裏づけとなる。

　やはり，包括的な誤りに当てはまる誤りは無理に直す必要がないと思う。では，どうするのか。放っておくのがよいと思う。全体的な英語レベルが上がってくれば，包括的な誤りの数は次第に減ってくると予想する。誤りを修正するだけではなく，初級，中級者に対しては，肯定証拠（つまり，正しい英語に触れること）を活用して，「英語ではこのような言い方をする」ことをインプットとして与えることで，英語力を全体的に向上させることが大事となる。

第10章
仮説に基づく指導への応用

1. 明示的指導の意義

　筆者は，大勢の生徒が1つのクラスにいる日本の教室環境で英語を学習する際には，暗示的な方法や，フォーカス・オン・フォーム的な手法を使うよりも（もちろん，そのような教え方の方が有効である学習環境や状況もあるだろうが），クラス全員の前で直接的に（つまり，明示的に），特に，中高校生には文法用語をできるだけ使うことなく文法規則を説明すること，そして，日本人学習者に共通する誤りには黒板などを用いてその誤りを指摘すること（つまり，直接的に修正フィードバックを与えること）の方が，より現実的であり，限られた授業時間も有効に使える方法ではないかと考えてきた。この仮説が妥当性の高いものかどうかを客観的に裏づけるため，ここ何年間にわたって数々の実験を行ってきた。その結果を報告したものが本書である。

　ここで，誤解を招かないためにも一言付け加えておきたい。それは，筆者が明示的な文法指導を擁護するからといって，それは文法用語を羅列し，教師からの解説一辺倒な指導方法を擁護しているわけではないということである。そのような教え方をしていても外国語は使えるようにはならないし，「使える喜び」「通じる喜び」を教えなければ外国語学習は面白くない。授業は楽しい（interesting & fun）方がよいに決まっている。

　したがって，外国語（英語）が使えるようになるためには，明示的に文法指導をした後に，必ず適切な文脈の中でその規則を使用する練習を設けるべきである。そして，そのような練習時には，たとえ学習者が誤りをしても，教師は，FonF的な手法を含め，あえて誤りを指摘する必

要はないと思う。なぜなら，やはりコミュニケーションの活動の流れや，学習者の話そうとする気持ちが阻害されてしまうからである。長い間，日本の英語教育に欠けていた点は，実際に使用する場面を設定してこなかった点にある。文法について知識としては知っている状態で終わってしまっていた点に問題があった。口頭で使えるようになる練習を疎かにしてきた点に問題があったにすぎず，明示的に教えることが文法学習に役立つ限りにおいて，そのような教え方に何ら問題はない。

　もちろん，明示的文法指導にしても，誰彼に等しく有効な方法ではないことは本書を通じて見てきたとおりである。つまり，指導が役立つためにはまず，学習者は教師の説明することば（意味）が理解できなければならない。同じ説明をしても学習者の理解度により効果が変わってくるということだ。一方，教師側からすれば，学習者の年齢（つまり，認知発達の度合い）や彼らの英語の習熟度に合わせて，その明示的指導の中身を変えなければならないことになる。

　このような主張に基づけば，明示的指導法は，小学生よりも中学生，中学生よりも高校生そして大学生に有効な方法である。よって，小学生や中学生にはできる限り文法用語の使用を抑え，「このような言い方をする」という肯定証拠を与えることを中心に，実際に使用する場面に即して学習していく方法が良いだろう[1]。特に，近い将来に実現する「小学校での英語教育」では，とうぜん英文法は教えることになるが，その導入の仕方に十分注意しなければならない[2]。

　第1部でも述べたが，明示的文法指導を擁護する筆者の考え方の根底には，「明示的に学習した文法規則は，有意味練習によってほぼ無意識に使用できる文法規則へと変換できる」という信念がある。そして，明示的文法指導の効果についての本書の結論は，後述もするが，明示的

---

[1] もちろん，詳しい文法説明を聞きに来るような生徒には納得するように説明してあげるのがよいであろう。文法用語を一切使うなという意味ではないが，文法用語を過剰使用することで，表層的理解で終わってしまう場合も多いと思う。
[2] 英単語を教えない英語教育が不可能であると同様に，英文法を教えない英語教育は不可能である。何度も書いてきたが，問題はどう教えるか，である。

な指導や修正フィードバックが効果的な領域と，そうでない領域がある，ということになった。

　図1は筆者の考える第二言語の習得過程モデルである[3]。明示的指導の効果は，脳内（図1の太枠の中）での「理解の過程」と，アウトプットした際の「産出の過程」の両方に影響を与えていると考える。図1からも分かるように，もちろん，指導だけが第二言語習得に影響を与えているとは考えにくいが，教室場面では教師からの明示的な指導は第二言語習得に大きく影響を与えることは確かである。

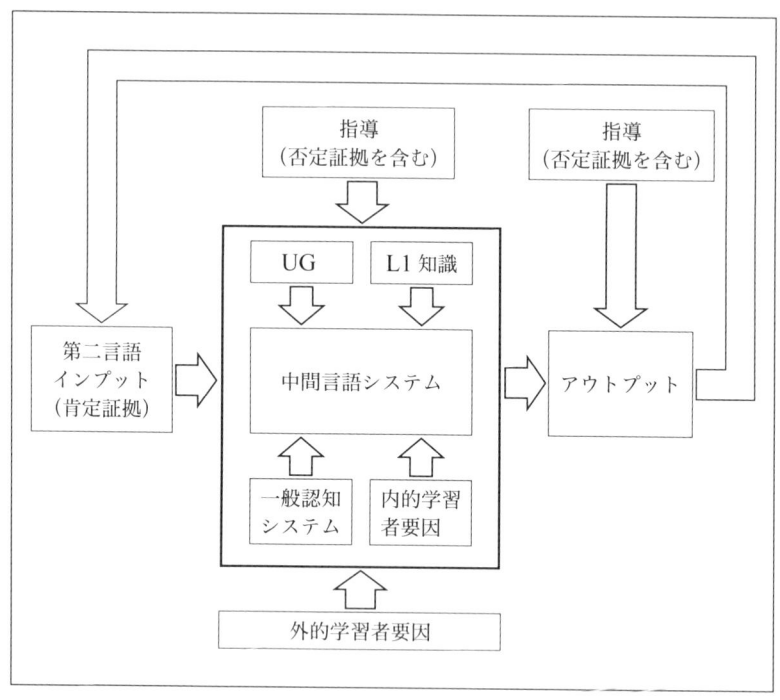

図1．筆者の考える第二言語の習得過程モデル

---

[3] 鈴木・白畑（2012：121）より引用。

教室環境で明示的に外国語を学習する意義や役割は，外国語環境でのインプット量の少なさを補うための代替だと筆者は考えている。そして，子どもに勝る大人の優れた点である認知能力・分析能力の高さ，加えて，母語の特徴を客観的に見ることができる力を十分に活かすことができる外国語学習方法なのである。学習者は，まずは規則を意識する（つまり，気づくこと）ことから始め，それが規則の理解につながり，次に適切な文脈の中で使用する練習を通して，当該規則が次第に内在化され，最終的には無意識のうちに，かなり上手に使用できるようになると考える。

　また，今回の一連の実験を通して筆者が再確認したことは，教室というある意味人工的な学習環境での第二言語習得であってさえも，やはり，「自然な習得順序」または「自然な発達順序」というものが存在するという事実である。しかし，この特性はすべての文法項目に当てはまりはしないようでもある。文法機能を司る働きが中心の機能範疇や文法形態素と呼ばれる領域に属する項目（例：時制，人称・数の一致，助動詞，冠詞，名詞複数形）には，習得順序や発達順序があり，外部からの刺激（要するに，教師からの指導）により，それを逆転させたりすることは，一時的には可能かもしれないが，やはり難しいことだと実感した。つまり，明示的な指導や否定フィードバックの効果は，学習者の第二言語の全体的な発達過程を早めてくれる働きがあるが，その中のある項目だけが突出してできるようになるのではないということだ。習熟度が全体的に前に進んでいく，ということであろう。

　しかしながら，一方で，学習すべきすべての項目に自然な習得順序や発達順序が存在しているわけではないことも本実験結果から体験できたことである。典型例は語彙であり，その意味の理解などには習得順序は存在しないと思われる[4]。

---

[4] 語彙に関して言えば，今後の課題ではあるが，接頭辞（prefix）や接尾辞（suffix）などには「自然な困難度順序」のようなものが存在する可能性が高いと感じる。

2. 一連の実験から得られた 16 の結論

　さて，本書では，筆者がこれまでに関わってきた，一連の実験を紹介してきた。その結果を総合し，次に示す 16 項目にまとめてみた。したがって，以下に述べる事柄が，本書の最終的結論である。

1. 教師の明示的な指導，誤り訂正は，短期的（つまり，指導直後）にはほとんどの調査項目で効果があった。
2. しかし，2 か月以上にわたって，その効果が持続するかという段になると，効果が持続している項目と，していない項目とに分かれた。
3. その両者の違いをもう少し細かく分析してみると，効果の持続しない項目の特徴の 1 つとして，それらが文法的な機能を伝えることを主とする項目，いわゆる，機能範疇や文法形態素と呼ばれる項目に属するものであることが分かった。
4. 一方，比較的長期間にわたって効果が持続する項目の特徴の 1 つは，語彙的な意味の伝達を主とする項目であることが分かった。
5. 3 と 4 を裏づける証拠として，明示的指導に基づく誤り訂正によって文法形態素の難易度順序を変えることはできなかったことがあげられる。
6. 誤り訂正の効果が低い項目のもう 1 つ別の特徴として，母語からの転移の影響がある。特に，母語に類似した概念がない項目は，形式的難しさ（つまり，「have ＋過去分詞」「be ＋ -ing」といった形が難しい）というよりも，それらが表す概念自体の理解に時間がかかり，そのために習得が遅延してしまう。
7. したがって，そのような項目については，明示的指導では形式の指導に重点を置くのではなく，その概念を理解するために時間をかけることが重要となる。
8. 誤り訂正の効果にさらに影響を与えると考えられる要因に，その文法項目の内部規則の複雑さというものがある。
9. したがって，ある単一の文法項目であっても，その下位用法の複雑

さの度合いにより習得に困難度の差が生じる（例：可算名詞の複数形の習得と不可算名詞の複数形の習得とでは難しさが異なる）。
10. 一方で，規則の概念的な難しさを学習する必要はなく，形式のみを学習することが中心となる項目には，アウトプットを増やすための有意味反復練習が有効となる。
11. また，学習の初級段階から，ほとんど誤りをしない文法項目もある。
12. 明示的指導の効果や誤り訂正の効果は学習者の英語の習熟度と関係が深い。つまり，ある１つの文法項目を文内で使用する際には，必ず他のいくつかの文法項目が深く関わっており，それらと関連づけて理解していくため，習熟度の高い学習者の方により効果的なのである。
13. 教室環境で英語を習う学習者にとって，明示的指導の効果や誤り訂正の効果は，その学習者の認知能力，分析的思考能力と関係がある。つまり，教師の説明をどの程度理解できるかということと関係がある。
14. 今までに十分に教えられてこなかった文法規則，または忘れてしまっている文法規則には明示的指導に基づく誤り訂正が効果的である。
15. しかし，だからといって，明示的に教えられた瞬間から，規則をすべて理解し，正しく使用できるようになるわけではない。
16. そして，明示的指導を行ったとしても，当該文法項目がどの被験者も完全に習得できるようになるかは分からない。おそらく，そうはならないだろう。それは，本実験の被験者の平均正答率がどの項目においても100%に到達しなかったことからも明らかである。

以上の結論に基づき，「明示的指導の効果」についてもう少し簡潔にまとめれば，次のようになる。

■明示的な文法指導，誤り訂正が効果的である文法項目の特徴
　a. 規則の内部構造が単純な項目
　b. 語彙的意味の伝達が主となる項目
　c. 日本語（母語）に同じか類似した概念・構造が存在する項目
　d. 今までに十分に教えられてこなかった項目

■明示的な文法指導，誤り訂正が効果的ではない文法項目の特徴
　a. 規則の内部構造が複雑な項目
　b. 文法的機能の伝達が主となる項目
　c. 日本語（母語）に同じか類似した概念・構造が存在しない項目
　d. その規則についてすでに十分な知識を持っている項目

　ここでの見解は，依然として不十分であり，さらに検討する必要性があることは言うまでもないが，結論から導かれる推察を含め，現在のところの筆者の考えである。今後の課題は，上記のどの要因がより重要な要因であるのか明らかにすることである。筆者の現在の推論では，「規則の内部構造が複雑な項目」が学習者の第二言語習得を最も困難にさせる要因であり，明示的指導，誤り訂正の効果が期待できない要因であると考えている。
　さらに，指導を受ける学習者側の特色は，次のようにまとめられる。効果的ではない学習者の条件はこれらの反対の条件を持つ学習者ということになる。

■明示的な文法指導，誤り訂正が効果的である学習者側の条件
　a. 教師の説明が十分理解できるほどの認知能力・分析能力がある。
　b. 当該文法項目の規則が受け入れられる段階にまで英語の習熟度が到達している。

3. 実際の指導への応用

　以上の筆者の仮説に基づいて，中学校と高等学校で学習する文法項目を分析すると，現在のところ，次のように8つに分類できるのではないかと考える。複数の項目に当てはまるものもある。

(1) もともと誤りが少なく，誤っていても一時的であるため，
　　指導にさほど時間をかけなくてもよい文法項目

> a. 語順（主要部の位置）
> b. 代名詞の格変化
> c. 進行形の ING
> d. 主語と be 動詞の（人称・数の）一致
> e. 主語の非脱落
> f. wh 疑問文での wh 語の位置

　(1a) の語順について，たとえば，"the population of the city"（この町の人口）という代わりに，日本語の語順そのままに，"*the city of the population" としてしまう誤りは非常に少ない[5]。同様に，"*the classroom in"（教室で），"*I dinner ate seven at."（夕食を7時に食べた），"*I the book Taro from got."（僕はその本を太郎からもらった）といったような，日本語の語順そのままの英語もめったに見られない。もし観察されたとしても，ごく初級の学習者である中学1年生あたりの発話においてであろう。こういった語順の誤りはいつまでも続かない。よって，教師は神経質になることはない。
　(1b) の代名詞の格変化の誤りであるが，少なくとも大学生ではほとんど間違えなくなっている。中，高生の中には目的格の代わりに主格を

---

[5] ただし，*the city's population としてしまう誤りはあり得るだろう。これは，所有格（または，属格）の過剰使用の誤りである。

使用してしまう誤りも時には見られるかもしれない（例：*He likes she.）が，興味深いことに，主格の代わりに目的格や所有格を使用する例はめったに見られない（例：*Me like John. *Us ate bananas.）。

　主格と目的格の誤りよりも若干頻繁に観察される誤りは所有格の誤りで，「彼らの家」を*theirs house, *their's house,「彼女の車」を*hers car, *her's car, *she's car と書く大学生が時として見受けられる[6]。しかし，これらはきわめて稀であることも添えておきたい。それよりも多くの学習者が犯す誤りだと筆者が感じるのは（学習者の英文エッセイ内での頻度は低いが），独立所有格の誤りで, a friend of mine/Taro's（僕／太郎の友達）とするところを，*a friend of me, *a friend of Taro とする誤りである[7]。この英語の構造は，よく考えてみると of と独立所有格の両方で 2 度「所有」の意味を表している不思議な構造であるため，それを逆手にとって，学習者にはこのような不思議な構文であることを強く印象づけてもよいのではないだろうか。まずは，高校生の段階で，一度しっかりと指導すべきであろう。

　(1c) の進行形の ING は，母語として英語を獲得する幼児，そして第二言語として英語を習得するあらゆる学習者にとって，非常に容易な拘束形態素であることが，1970 年代以降に行われた数多くの研究から判明している[8]。その容易さの理由には諸説あるが，ING という音形が比較的長いため，他の拘束形態素に比べて気づきやすい（つまり，目立ちやすい）こと，ING は実際の動作を表現しているため，その動作を連想しやすいから（例：swimming は誰かが泳いでいる姿を連想しやすい。一方で，三単現 -s はそのイメージを連想しにくい），などがその

---

[6] これらの誤りには共通点があると思われる。それは /z/ という音が入っていることであり，これは，DP's DP（Tom's car）の「アポストロフィ -s」の発音から来ているのではないだろうか。要するに，「アポストロフィ -s」の過剰般化的な誤りだと推測する。
[7] この独立所有格の誤りが頻繁に観察されない理由の 1 つには，この構造を使用して英文を書かないことがあげられる。つまり，たいていの大学生は，my friend と書くからである（例：Robert is my friend.）。
[8] Brown（1973），白畑・若林・須田（2004）。

候補にあげられている[9]。私たち日本人英語学習者にとっても,「動作が進行している」ということへの概念的な難しさもなく,中学1年生を対象に「現在進行中の動作を現わす形式」としてのINGを教える場合は,さほど丁寧に時間をかける必要はないだろう[10]。

　INGの指導におけるもう少し重要な点は,後述の「時制・相」の項目と重なるが,「近い未来のことを表すためのINGの用法」の指導である(例:I'm meeting Mami tomorrow.)。この用法は実際の英語の中には頻繁に出てくる用法であるが,「動作の進行中」の用法との混乱を避けるためか,日本の中学校では一般に教えない。ならば,高等学校段階でもう少し時間をかけてきちんと教える必要がある。

　(1d)の「主語とbe動詞の(人称・数の)一致」とは,"*I is/are from Nagano. / *Ken am/are from Shimane."とする誤りは,中学校のごく初級段階では観察されるのかもしれないが,すぐに見られなくなる誤りだという意味である。主語が複数人いる場合の誤り(例:*Tomoko and Ayano is from Okayama.)も,大学生ではほとんど産出されない[11]。問題は,"Not only Kyoko but also I am from Sendai."や"Neither John nor I am from Denver, Colorado."といった構文での主語と(be)動詞の一致であり,この点を意識的に指導するのが明示的指導の役割であると考える[12]。つまり,どの部分の限定詞句と動詞を一致させなければならないかについては,明示的に指導するのがよいと考える。結論的には,「主語―動詞の一致」での問題は,be動詞が過

---

[9] 文法形態素困難度順を説明しようとしたものにGoldschneider & DeKeyser(2001)やDeKeyser(2005)がある。
[10] スペリングで文字を重ねる動詞(例:swimming, running)だけ注意すればよい。
[11] このように書くと,「大学生になってそんな初歩的な誤りをするわけがない」とご批判される方もいらっしゃるかもしれない。しかし,それならば,同じ中学1年生の時に学習する「初歩的な」冠詞(a/an, the)や名詞の複数形を,なぜ大学生になっても誤り続けるのであろうか。
[12] ただし,『ジーニアス英和辞典(第5版)』には次の記述がある。「(1)[neither A or Bに続く動詞の呼応]neither A nor Bが主語の場合,動詞はNeither he nor his children have arrived.のように,Bに一致させるのが原則。ただし,Bが単数であってもA nor Bを[A + B]と考えて複数動詞を用いることがある。複数動詞で受ける傾向はeitherに比べneitherの方が強い。」このように,呼応に関しても「規範的な」用法に変化が生じているようである。

去になった場合の時制の誤りが一番多いから，この点について教師は注意を払わなければならないということである。

(1e) の「主語の非脱落」については，第2部1章で見てきたように，日本語では主語は省略可能であるにもかかわらず，日本人英語学習者は英語の「主語」を省略するという誤りは犯さないのである。少なくとも，「英語では主動詞の前には必ず音形のある項が必要である」ことを間違えない。ただし，主語句と話題句とを混同する誤りが多いことを教師は意識すべきである。

これも興味深い現象であるが，主語よりも目的語を省略してしまう場合の方が多く，省略の度合いに非対称性が生じている[13]。省略に関していえば，教師は学習者の英文に，主語ではなく目的語が省略されていないかに注意を払うべきである。

(1f) の「wh 疑問文での wh 語の位置」については，後述の (4d) で触れる。

(2) 日本人英語学習者にとって非常に習得が困難な文法項目

a. 冠詞（特に定冠詞 the とゼロ冠詞）
b. 不可算名詞の複数形
c. 前置詞
d. 現在完了形

日本の教室で英語を学習する学習者には非常に困難，もしくは，習得が完全には不可能と言えるかもしれない項目がここにあげた項目である。そして，おそらく，教えている日本人英語教師も完全に使いこなせ

---

[13] 非対称となる理由に関しては，言語理論を基にいくつかの仮説が立てられているが，おそらく，言語の構造的に TP の指定部の位置に主語を要求するメカニズムと，他動詞の VP の補部の位置に目的語を要求するメカニズムとでは異なるメカニズムが働いているからであろう。また，目的語に関しては，日英語の自動詞・他動詞の構造上の相違も影響を与えている可能性がある。

る人は非常に少ないのではないか。筆者はこれらの文法規則の内部規則が複雑すぎるからだと理由づける。そして，筆者の仮説に基づけば，明示的文法指導は，その内部規則が複雑すぎる規則には効果が低いということになる。

　日本人英語学習者への指導方法としては，(2a) の冠詞に関してはそのごく基本的な規則，つまり「英語では名詞句が単独で現れることは普通ではなく，前に限定詞と呼ばれるものを必要とする」こと，「不定冠詞は普通，単数可算名詞と共に用いられる」こと，「話し手が，聞き手もきっと知っているだろうと思っているものを言う場合には定冠詞をつけるのが一般的である」ことを，平易な言い回しで例文と共に説明することが大事である。ゼロ冠詞（例：Masanori loves φ dogs.）については，この"φ dogs"の例のような，「可算名詞の総称的な使い方」の例を中学校では定着（理解）させておけばよいのではないだろうか。ただし，機能範疇または文法形態素に属する他の項目同様，冠詞も学習者の全体的な習熟度が上がるにつれて正確に使用できる割合も上がってくる項目であるので，教師が長い目で見守っていくべき項目であろう。

　(2b) の名詞の複数形に関しては，第2部4章末で書いたとおり，まずは可算名詞の複数形が使用できるように指導することが第一歩である。不可算名詞の表し方（例：a piece of cake, three slices of bread）は1つ1つ覚えていくしかない。よって，口頭練習する必要がある。

　(2c) の前置詞の使用も，冠詞や複数形同様，誤用をしたからといって，意味の伝達に著しく困難をきたすようになるわけではないので，教師は学習者の誤りを気にし過ぎないようにすることも大事である。もちろん，気づきを促したいのであれば，正しい前置詞を明示すればよいが，速効性があると考えるべきではない。

　ここで，強調したいため繰り返して書くが，英語学習の時間が増える（つまり，肯定証拠を受ける量が増える）ことで，一般的には学習者の英語の習熟度が全体的に高くなっていく。それとともに誤りの数も次第に減っていく。おそらく，包括的な誤りの数も著しく減っていくであろ

う。そして，包括的な誤りの減少よりも緩やかではあろうが，局所的な誤りの数も次第に減っていくはずである。このような大きな習得の流れを考えれば，教師は学習者の誤りをあまり気にしないでもよいことになる。英語能力全般を考えれば，最も肝心なことは限られた英語の授業時間を効果的に組み立てることであり，それが正用率や習熟度の向上にもつながるという考え方である[14]。

（2d）の現在完了形も，日本人英語学習者にとって非常に習得が困難な文法項目の1つである。現在完了形の習得の難しさは，その文法形式の複雑さにあるのではなく，表す意味概念の難しさに起因すると考えられる。なお，現在完了形については，（3c），（5c）そして（7a）でも触れているので，ここでは解説を省略したい。

(3) 日本人英語学習者にとって比較的習得が困難な文法項目

a. 三人称単数現在形 -s
b. 進行形や受動態の be 助動詞
c. 時制・相（現在完了形を含む）
d. 不規則変化の比較表現（高校以降に学習する範囲）

（2）にあげた文法項目ほどではないが，日本人英語学習者にとって比較的習得困難な文法項目はまだいくつもあり，それらの代表を（3）にあげた。

（3a）の「三単現 -s」の規則は，中学校1年生で学習する。規則自体も，「主語が三人称，単数，そして時制が現在の場合には動詞に -s（または -es）を付与しなさい」という簡単なものである。それ以上の複雑なきまり，たとえば動詞によって付加する形態素の形が変わる，といった

---

[14] 本書の主旨とは異なるので深入りはしないが，学校での限られた学習時間を補うために，そして学習量を増やすために，教師は「上手な宿題の出し方」を工夫する必要がある。

内部規則はここにはない。それにもかかわらず，中学生にとっては厄介な文法項目の1つとなっている[15]。特に，主語と動詞の間に介在物が入っている場合に落としやすいことを教師は把握しておくべきだろう。つまり，下記の例に従えば，主語と動詞の間に，sometimes という副詞が割り込んでいる②の文の方が，何も割り込まれていない①の文の時よりも -s を脱落させやすいということである。文構造によって三単現 -s の脱落度が異なるということだ[16]。

① Hideki goes to karaoke with his girlfriend every night.
② Hideki sometimes goes to karaoke with his girlfriend.

-s を脱落させる割合は中学生よりも減ってくるが，大学生になってからでもそのような学習者は少なからずいる。「規則は知っているけれども使用する段になると誤ってしまう」という典型的な例だと思われる。三単現 -s は文法的な表示をしているだけであって，-s を付加してもしなくても伝えようとする意味は変わらない。文法機能のみを伝達する項目の習得（産出の際に適切に付加できること）は遅れるようである。

この誤りは指摘することが容易なので，ライティングなどではこまめにチェックしてあげるのもよいであろう。ただし，中学校での指導の際には，速効性を期待すべきではない。「1か月間，三単現のみを教え続ける」必要はない。最初は落としていても寛大に対処すべきであって，「このクラスは三単現の -s さえも付けられない生徒がたくさんいる」と嘆く必要もない。

(3b)「進行形や受動態の be 助動詞」や，(3c)「時制・相（現在完了

---

[15] 日本人英語学習者の三単現 -s に関するさらに詳しい論考は，Wakabayashi, Bannai, Fukuda & Asaoka (2007), Shibuya & Wakabayashi (2008), 白畑・若林・村野井 (2010), 吉村・中山 (2010) 等を参照されたい。
[16] 同じような現象が動詞の過去形形態素の場合にも当てはまる気がする。動詞過去形の場合は，さらに，主節でよりも従属節での方が脱落しがちである（大学生の書いたライティングからの例：I thought that the first pair is the most beautiful of them. / CD was sold well in 1990's because people cannot download songs at that time.）。

形を含む)」は，文法機能の伝達を主とする項目である。このような項目には明示的指導はさほど効果はなく，英語能力を全体的に向上させていくことが最も適切な「指導法」である。

　本実験で行った (3d) の「不規則変化の比較表現（高校以降に学習する範囲）」への明示的指導ならびに誤り訂正は，第 2 部 5 章で見てきたように，効果的とは言えなかった。筆者が出題した範囲内に限定されるが，プレテストでの正答率は 15.1%（21.2%）と極めて低い値であり，この数字は，不規則変化の比較表現を高校卒業までにほとんど習得できずにいたことを証明している。しかしながら，この不規則変化の比較表現は非常に煩雑であることも事実である。要するに，覚えにくい。たとえば，次の比較表現を見ていただきたい。

① Naoki is no better than an amateur.（直樹は素人同然だ）
② Naoki is not better than an amateur.（直樹は素人以下だ）
③ Shuhei stayed in Matsue no more than two days.
　　　　　　　　　　　　（修平は松江に 2 日滞在しただけだった）
④ Shuhei stayed in Hiroshima no less than seven days.
　　　　　　　　　　　　　　（修平は広島に 7 日も滞在した）

　①と②は no と not の違いだけである。どちらも否定を表しているが，意味は違ってくる。かように複雑であるため，時間をかけて，自分に興味深そうな例文とともに覚えていくしかないと感じる。

　ただし，今井（2012）では次のような説明を試みている。つまり，ここでの例文に合わせれば，①の Naoki is no better than an amateur. は，直樹と素人の「良さの差がゼロ」なので，「素人同然」となる。②の Naoki is not better than an amateur. は，not で否定しているので，Naoki is worse than an amateur. となる。そして，③ Shuhei stayed in Matsue no more than two days. と④ Shuhei stayed in Hiroshima no less than seven days. では，どちらも two days, seven days との差が

ゼロ (no) ということであるが，話者の期待が異なる。つまり，more than は 2 日よりも多いと期待していたが，2 日だったので，only の意味になり，less than は 7 日より少ないと期待していたのだが，7 日だったので，as many as 7 days という意味になる。

この今井 (2012) の説明はきわめて興味深いものであるが，いずれにせよ，このような説明を理解するだけの認知能力が必要となることは確かである。

(4) 規則そのものは簡単であるが，長期間誤りの続く文法項目

a. 三人称単数現在形 -s
b. 不定冠詞（a/an）
c. 一般動詞の過去形（特に規則変化形）
d. wh 疑問文での助動詞 do/does/did[17]

(4c) の，「一般動詞の過去形」，特に規則変化形の規則自体は難しくはない。「動詞の末尾に -ed を付加せよ」というだけのものである。日本語にも「過去」の概念があり，それを表す文法形式もある（例：来る―来た）。煩雑であるのは，どの動詞が規則変化する過去形かを覚えなければならないことぐらいである[18]。しかし，このような比較的単純に見える規則であっても，大学生の産出データの中には依然として，-ed を脱落させている誤りが少なからずあることは，第 2 部の 2 章と 9 章で見てきたとおりである。

一方で，不規則変化動詞の過去形の誤りの方が比率的に少ないのは，現在形とは音やスペリングが異なることで形が目立ちやすく，現在形と

---

[17] 本書では扱わなかったが，Ogawa (2015) によれば，wh 疑問文構造で最も誤りの多い構造は，主語が wh 疑問詞になる構造のようである（例：Who made this cake?）。
[18] さまざまな英語学辞典を調べると，英語の動詞は不規則変化動詞の数の方が圧倒的に少なく，全部で 200 ぐらいしかなく，あとはすべて規則変化動詞のようである。

は切り離し別の語彙として認識しているからかもしれない[19]。-ed 脱落の誤りへは、教師は気長に対処していくしかない。生徒の誤りに気がつけば指摘すればよいだろうが、だからといって翌日から誤りをしなくなるとは考えない方がよい。口頭では、過去形の脱落は、フォーカス・オン・フォームでいうところの、リキャストや明確化の要求のやりやすい文法項目である。このような指摘の方法も良いかもしれない[20]。

(4d) の「wh 疑問文」については、本書では 1 つの実験としては取り上げていないが、筆者のこれまでの研究や英語教師としての経験から次のようなことが言える。まず、(1f) で示した通り学習者の母語である日本語では wh 語の文頭への移動は義務的ではないにもかかわらず、「英語は wh 語を文頭に移動する」という規則を誤る日本人英語学習者は滅多にいないということである。下記の②のように、助動詞が脱落する誤りも観察されないことはないが、やはり少ない。最も頻繁に起こる誤りは③のような誤りで、助動詞の形を誤ってしまう誤りである。したがって、wh 疑問文に関し、教師が最も注意を払って明示的に指導すべきことは、助動詞の正しい形についてである[21]。

① What did Taro buy at the department store?
② *What ϕ Taro buy at the department store?
③ *What is/are/do Taro buy at the department store?

---

[19] ちなみに、規則変化動詞の規則を不規則変化動詞に過剰に当てはめてしまう、goed や comed といった誤りは、たまに生じると目立つのであるが、割合的には日本人英語学習者にはほとんど観察されない。ましてや、習得の際に「U字型発達」などは示さない。母語（英語）獲得の際も同様である。詳しくは、白畑・若林・須田（2004：59-63）を参照いただきたい。
[20] ただし、速効性があるかどうかは別問題である。
[21] もう少し言語学的に補足すれば、wh 疑問文の生成において、学習者は「CP (Complementizer Phrase, 補文標識句）の主要部である C の位置には何らかの要素が入らなければならない」ということは早目に理解できるようになるのであるが、どの形が適切な形であるのかの習得に多少の時間がかかるということであろう。

(5)（日本語と比較しながら）相違を教えるべき主な文法項目

a. 主語と話題の相違
b. 自動詞と他動詞の区別
c. 時制・相（現在完了形を含む）
d. 分詞の形容詞的用法
e. 関係代名詞節
f. 被害受け身（間接受動文）

　(5a) の「主語と話題の相違」については，第2部1章で見てきたとおりであるが，両者の区別を肯定証拠のみで理解できるようになることはきわめて難しいと思われる。また，大学生への聞き取り調査をすると，中学・高校ではこの相違についてさほど強調して教えてはいないようである。しかし，本実験結果から，日本語の話題との相違を強調しながら英語の主語について明示的に教示する方法は長期的にも有効な方法であることが判明した。「は≠be動詞」という図式を，例文を使用しながら明示的に指導するのは効果的であると思われる。「話題─主語」の誤りは，統語構造とも関わる大きな誤りであるから，中学生の段階からぜひ指導していただきたいと願う。

　(5b)「自動詞と他動詞の区別」について，第2部3章で見てきたように，大学生たちは自動詞や他動詞という文法用語自体は知っているが，動詞の下位範疇化の規則は理解していないことが本実験に伴うアンケート調査から判明した。筆者の基準からすれば，自動詞と他動詞の区別は，現在完了形や関係代名詞の規則と同程度に重要であるため，もっと時間をかけて指導する必要があると考える。そのために，教師はまず，日本人英語学習者の多くが，英語の自動詞と他動詞の区別が何であるのか知らないという事実を（「そんなことも知らないのか！」と嘆かず）認識すべきであろう。

　次に，英語の動詞の意味を教える際，「(主語) が～」「(目的語) を～」

という日本語の助詞を上手に活用したり，当該動詞を使用した例文を必ず示したりして，その動詞が自動詞か他動詞かを，中学生や高校生には例文中心に比較的大雑把に，大学生には規則を説明し意識的に指導することが大事である。さらに，非対格動詞について指導する場合，無生物が主語になり得ることも強調すべきである。日本語では基本的に無生物が主語になることは少ないからである。

　(5c) であるが，英語の時制や相を教えるときにも，やはり日本語と対比させて教えてもいいのではないかと思う。I live in Toyama. を中学生に教える際に，一般的には，「live は『住んでいる』という状態を言っているので，普通は進行形にはしない。同様に，『持っている』という場合も，それは状態であるので，I have three English books in my bag. となり，進行形にはしない」などと教えたりするが，日本語の「～ている」という表現と英語の進行形や完了形と比較して指導することも，高校生や大学生には有意義なことなのではないだろうか。

　また，以下の①～⑧で示す日本語と英語はどのように対応するか，学習者に考えさせることも重要である。さらに，日本語の「純也が来た」の「た」は，いつも単純に過去の出来事を表すのか，「純也が来たならこれを渡してくれ」を英語ではどう表現するか，日英語で比較して考えるのも，時制や相の表し方について深く理解する上で役立つと思う[22]。

　① 電車が駅に到着している。
　② 電車が駅に到着した。
　③ 電車が駅に止まっている。
　④ 電車が駅に止まった。

---

[22] 日本語の「た」は，純粋に「現在の時点から見た過去」を表す以外にも，さまざまな用法がある。『明鏡国語辞典』（大修館書店）によれば，たとえば，①「完了（例：ずいぶん立派になったね）」，②「以前から心にあるものごとの実現（想起）／知っていることの確認・想起（例：あ，バスが来た／出発は明日でしたね）」，③「≪終止形で≫差し迫った要求・命令（例：さあ，帰った，帰った）」，④「後句の出来事より以前に起こる意を表す（例：今度会った時に話そう）」など。これらの日本語を英語に訳せば，単純過去形を使うことにはならず，現在完了形や現在形で表すのが相応しい表現になるのではないだろうか。

⑤ The train is arriving at the station.
⑥ The train has arrived at the station.
⑦ The train is stopping at the station.
⑧ The train has stopped at the station.

(5d) の「分詞の形容詞的用法」とは，"[A girl] reading a book on the bench is my sister." や "Swahili is one of [the languages] spoken in Africa." での下線部分のことを指す。このような分詞の使い方の習得にも，もっと日本語での例を出し，日英語の名詞修飾構造を対照的に教える方が，学習者には理解がしやすいのではないかと考える。つまり，「日本語にも同じような修飾の仕方がある。違いは，修飾する方向であって，英語は後ろから前の限定詞句を修飾し，日本語は下記の例のように，前から後ろの限定詞句を修飾する」ということを理解させ，「英語でまったく新しい構文を習うのではなく，"修飾方向が反対になるだけ"ということを理解しよう」と教えることで，分詞の学習を，もっと取っつきやすいものにできるのではないだろうか。

①ベンチで『ランナーズ』を読んでいる [女の子] は僕の妹だ。
②スワヒリ語はアフリカで話されている [言語] の１つだ

(5e) の「関係代名詞節」についての解説は (5d) とほぼ同様になる。日本語には英語の関係代名詞（例：who, which）に当たる語は存在しない。しかし，関係代名詞を使用しないだけであって，日本語にも限定詞を修飾する構造があるのは (5d) で見てきたとおりである。つまり，日本語では「〜している…」または「〜された…」を使用して，前方からその後ろにある限定詞句を修飾する。分詞の形容詞的用法，関係代名詞節構造，そして日本語での修飾の仕方を関連付けて教えるのが有効だと考える。

(5f) の「間接受動文」に関し，日本語には直接受動文と間接受動文

があり，後者は別名「被害受け身」とも呼ばれる。その構造は，「夜中に赤ん坊に泣かれた」「2年前に妻に死なれた」といった，被害的な内容の意味を表すのによく使用される文のことを指す。

　直接受動文（つまり，一般的な受動態の文）には対応する能動文があるが，間接受動文には対応する能動文がない。それは，「泣く」「死ぬ」は自動詞であるため，目的語を取らないからである。しかし，日本語では被害受け身文のような構造は許される。このような日本語の構造に影響を受け，"*I was died (by) my father two years ago." などとする文を産出する大学生が少なからずいる。日本語の被害受け身について，そして自動詞と他動詞について，高校，または大学でもう一度整理して教えることが必要である。

　筆者の教師経験を交えてさらに補足すれば，第2部1章の「主語」とも関連することであるが，日本人英語学習者は次のような誤りも頻繁に起こすため，注意を要する。「主語」と「話題」の相違については，受動態の構造とも関連させて指導しておきたいものである。

① *I was stolen my bike.（僕は自転車を盗まれた）
② *Ken was corrected his essay writing.（ケンは作文を直された）
③ *Yumi was kicked her leg.（ユミは足を蹴られた）

(6) 意味のある文脈の中で繰り返して練習するのが良さそうな文法項目

a. 一般動詞の過去形
b. 比較表現（中学校で学習する範囲）
c. 可算名詞の複数形
d. 接続詞
e. 関係代名詞節
f. 分詞の形容詞的用法

> g. 受動態

　ここに載せた文法項目に共通することは，規則の内部構造がさほど複雑ではないことと，表す概念も難しくはないことである。しかも（6c）以外は，日本語にも同様の（もしくは類似した）概念が存在する項目である。このような項目に難しさを感じる学習者がいるのであれば，それは練習することで長期的にも効果が持続できると，本書での実験結果を踏まえて筆者は考える。

　教師側の問題は，興味深く（interesting），そして楽しい（fun）練習問題（タスク活動）をいかに作成し，実践できるかである。他の文法項目の習得にも当てはまることだが，機械的な文法練習問題だけは避けたい。意味のやり取りを伴わない言語活動はつまらない。つまらなければ身に入らない。

　どのような練習問題がつまらないかと言えば（もちろん，筆者個人の基準であるが），その例として以下に3種類を用意した。①は代名詞を意味なく多用した例である。いったい he とは誰か，her とは誰なのであろうか，実感がまったく湧いてこない。②はカッコ内の形容詞を文脈に合う形で直させる問題形式であるが，意味的につまらない文だと筆者には感じられる。つまり，「2つの箱の大きさを比べて，だから何なの？」と思ってしまう例である。③は，文脈すら与えられていない練習問題であって，過去形の知識のみを単独で問うても，実際の文脈の中で使えるようにならなければ何の意味もないということである。③の内容を口頭練習した後で必ずまとまった文の中で使用するようにしたいものである。

① He loves her. ⇒ She is loved by him.
② This box is（big）than that box.
③ 次の動詞を過去形にしなさい。
　　look ⇒（　　　），watch ⇒（　　　），give ⇒（　　　）

(7) 概念そのものをまず指導すべき項目

a. 現在完了形
b. 仮定法
c. to 不定詞

(7a) について，日本語には現在完了形がないということもあってか，形式（「have + 過去分詞」）の難しさというよりも，日本人英語学習者にとって，その表す意味が理解しにくい文法項目の1つである。実際のところ，日本語に訳して考えると，下記の例からも分かるように，単純過去形や単純現在形の日本語訳と区別がつきにくくなる場合も多い。

① I have lived in Yokohama for ten years.
（10年間横浜に住んでいる／10年間横浜に住んできた）
② I have eaten foie gras.
（フォアグラを食べたことがある／フォアグラを食べた）

ここで言えることは，教師も学習者もあまり日本語訳にとらわれ過ぎないこと，yet, already, still, just, ever などの副詞句をうまく利用して教えること，そして，現在完了形とは，あくまで現在の視点に立って過去の何年間（または何十年間）について言及している表現であることを，学習者に時間をかけて理解させることが大事である。

現在完了形は，たいてい中学3年生の1学期（前期）に学習する。3年生ではその後も，関係代名詞などの大事な文法項目を学習するだろうが，現在完了形については3年生の1年間を通じて教えていくという姿勢を持つとよいであろう。また，高校の教員は，現在完了形は中学校で「習得済み」であると決して思わないで，どのような働きのある文法項目なのかということを，最初からもう一度指導することが大事である。その際，文法形式だけに焦点を当てないことである。

(7b) について，仮定法も日本語にはない文法形式である。「事実とは異なる仮定をすること」は日本語でもするが，文法的形式としては存在しない。大学生を観察していると，かなり大勢が，「ifがついていればすべて仮定法」だと信じていることに気がつく。つまり，仮定法と一般的な条件節の区別がついていないということである。ここでもやはり，仮定法の概念をまず指導することが大事である。これまでは，ややもすれば仮定法の形式（「If ＋主語＋過去形／過去完了形，主語＋would/could ＋原形／have ＋過去分詞」）の定着ばかりに注意が行っていたのではないだろうか。形式よりもその表す概念を理解させることの方がはるかに重要である。そして，ifがなくともなぜ仮定法的な表現になれるのかを教えていきたい。

(7c) の「to 不定詞」については（8）で解説したい。

(8) 説明が足りなかったために誤りをしていた／習得が遅かった項目

---

a. 接続詞
b. 独立所有格
c. 類似した意味を持つ語の用法
d. 自動詞・他動詞の区別
e. to 不定詞

しっかりと説明を受ければさほど難しい文法項目ではなかったのに，十分に説明を受けていなかったため誤りをしていたと考えられる項目が(8)にあげるものである。(8a-d)はすでに本書で詳しく解説してきた項目なので，ここでは（8e）の「to 不定詞」について触れておきたい。

to 不定詞は中学生が最初につまずく文法項目の1つである。「〜するための」「〜するために」「〜すること」といった日本語訳の強調，「形容詞的用法」「副詞的用法」「名詞的用法」という文法用語の過剰使用を，

教師がもし，to 不定詞導入の最初の授業からしているようならば，それは即刻やめるべきである。まずは，to 不定詞とはどのような働きをする文法なのかを，「to 不定詞」という用語を使用しないで，日本語の例を交えることで，生徒に考えさせていくのがよいと筆者は考える。

つまり，「『僕は先週宮崎に行った』と友達が君に言ったとすると，君は『へえ〜，何しに行ったんだろう？』って思うかもしれないよね。同じように，友達から『私には理由がある』って言われたら，『何する理由があるんだろう？』って思うよね。ということで，そのもう少し詳しく聞きたい部分，足りない部分を補う時に，英語では次の①や②のような言い方をするのです」といった指導の仕方はどうであろうか。

① I went to Miyazaki to meet my brother. （兄に会いに行った）
② I have a reason to meet Hiroshi. （ヒロシ君に会う理由）

上述した他の項目同様，to 不定詞の指導においても，文法形式の部分（「to ＋動詞の原形」）のみを強調するのではなく，その文法で表現される意味内容について，学習者にしっかりと理解させることが重要である。

何度も繰り返しになるが，学習者に規則を明示的に理解してもらうことは習得（自動化して使えるようになること）への第一歩ではあるが，理解の段階から次のステップへ進むためには，有意味練習（意味の伴うタスク活動）をしなければならない。そのためには，「その文法項目を使って表す概念を学習者に分かってもらうこと」が重要である。

以上，筆者の行った実験から得られた結果を基に，教室での英語学習に関するいくつかの仮説を立て，それらを実際の指導へ応用する試みを提言してみた。

学校での英語の授業時間数は限られており，1クラスの生徒数も多い。教師は効率の良い教え方を工夫しなければならない。そのためには，日

本人英語学習者はどのように英語を学習していくのか，そして教師が支援できる明示的な指導がどの学習項目に効果的で，どの項目に役立たないのか，教師自身が熟知しておくことは重要である。

　本書の実験研究成果から提案した結論は現在のところ「仮説」にすぎず，本当に妥当性の高いものであるかは定かではない。さらに実証データを増やし，外国語学習のメカニズム，そして明示的指導や誤りの訂正（修正フィードバック）の有効性，その限界を明らかにしていくことは非常に大事であり，そのような基礎的研究成果を基に，海外からの潮流を参考にしつつも，それらを鵜呑みにすることなく，日本という土壌で，教室で英語を学習する学習者たちに適した英語教授法を考えていかなければならない。

あとがき

　本書を作成するにあたって，多くの方々からご援助，ご教示いただいた。まず，被験者になってくださった大勢の高校生，大学生の皆さんに感謝申し上げたい。ありがとう。

　次に，本書で展開した筆者の研究に対して，科学研究費の共同研究者として，また勉強会，集中講義，学会，シンポジウム，講演，そして雑談の際など，さまざまな機会にご助言励ましくださった次の方々に感謝申し上げたい（五十音順）。今井隆夫先生，大下邦幸先生，菅正隆先生，小池生夫先生，近藤隆子先生，澤崎宏一先生，柴田美紀先生，鈴木孝明先生，須田孝司先生，諏訪部真先生，Neal Snape 先生，Robert Taferner 先生，寺尾康先生，中山峰治先生，長谷川信子先生，畠山雄二先生，坂内昌徳先生，藤森敦之先生，本田勝久先生，John Matthews 先生，松村昌紀先生，村野井仁先生，大和隆介先生，横田秀樹先生，吉田智佳先生，吉村紀子先生，若林茂則先生。

　今回も，大修館書店編集第二部，北村和香子さんには大変お世話になった。心より感謝申し上げたい。いつもながらの鋭い編集作業，いつも以上の叱咤激励，湯島天神の有難い鉢巻き，みりおグッズ。何度も心が折れそうになったところを助けていただいた。

　本研究は以下の科学研究費／学術研究助成基金の援助を受けて行われた研究成果（の一部）であり，感謝と共にここに明記しておきたい。
・科学研究費補助金・基盤研究（B），平成 22 年度〜平成 25 年度「第二言語習得の研究成果に基づく効果的な英語教授法・指導法の開発」（研究代表者）白畑知彦

あとがき

・科学研究費補助金／学術研究助成基金助成金・基盤研究（B），平成26年度～平成28年度「インターフェイス理論による第二言語習得研究に基づく明示的外国語指導法の開発」（研究代表者）白畑知彦
・科学研究費補助金・基盤研究（B），平成20年度～平成23年度「日本人英語学習者の文法能力発達段階の解明および文法指導に関する第二言語習得研究」（研究代表者）村野井仁
・科学研究費補助金・基盤研究（B），平成23年度～平成25年度「文法モジュールとインターフェイス論に基づく外国語習得研究の新展開と学習法への示唆」（研究代表者）吉村紀子

最後となるが，本書を大変お世話になった故大澤茂先生に捧げる。

2015年　風薫る季節に

白畑知彦

引用文献

安藤貞雄（2005）.『現代英文法講義』東京：開拓社
綾野誠紀（2015）.「大学生を対象とした学習英文法のあり方について―理論言語学の観点からの一私案」長谷川信子（編著）『日本の英語教育の今，そして，これから』pp.111-124. 東京：開拓社
Bitchener, J., & Ferris, D. R. (2012). *Written corrective feedback in second language acquisition and writing*. New York: Routledge.
Bitchener, J., & Knoch, U. (2009). The relative effectiveness of different types of direct written corrective feedback. *System, 37*, 322-329.
Bitchener, J., & Knoch, U. (2010a). Raising the linguistic accuracy level of advanced L2 writers with written corrective feedback. *Journal of Second Language Writing, 19*, 207-217.
Bitchener, J., & Knoch, U. (2010b). The contribution of written corrective feedback to language development: A ten month investigation. *Applied Linguistics, 31*, 193-214.
Bong, H. K. M. (2011). Lemmatic transfer in the second language acquisition of English prepositions. *Proceedings of the 16th conference of Pan-Pacific Association of Applied Linguistics* (*PAAL*), 109-116.
Brown, R. (1973). *A first language: The early stages*. Cambridge, MA: Harvard University Press.
Cook, V. J. & Newson, M. (1997). *Chomsky's Universal Grammar: An introduction* (2nd edition). Oxford: Blackwell.
DeKeyser, R. M. (2005). What makes learning second-language grammar difficult? A review of the issues. *Language Learning, 55*,

1-25.

Doughty, C. & Varela, E. (1998). Communicative Focus on Form. In C. Doughty & J. Williams (Eds.), *Focus on Form in classroom second language acquisition* (pp.197-261). New York: Cambridge University Press.

Doughty, C. & Williams, J. (Eds.) (1998). *Focus on Form in classroom second language acquisition.* New York: Cambridge University Press.

Ferris, D. R. (1999). The case of grammar correction in L2 writing classes: A response to Truscott. *Journal of Second Language Writing, 8*, 1-11.

Ferris, D. R. (2012). Written corrective feedback in second language acquisition and writing studies. *Language Teaching, 45*, 446-459.

Ferris, D. R., Hsiang, L., Sinha, A., & Senna, M. (2013). Written corrective feedback for individual L2 writers. *Journal of Second Language Writing, 22*, 307-329.

Ferris, D., & Roberts, B. (2001). Error feedback in L2 writing classes. How explicit does it need to be? *Journal of Second Language Writing, 10*, 161-184.

Fries, C. C. (1940). *American English grammar.* New York: Appleton-Century-Crofts.

Goldschneider, J. M. & DeKeyser, R. M. (2001). Explaining the 'natural order of L2 morpheme acquisition' in English: A meta-analysis of multiple determinants. *Language Learning, 51*, 1-50.

長谷川信子 (編著) (2015).『日本の英語教育の今, そして, これから』東京: 開拓社

Hayashi, M. (2008). *Second language acquisition of English preposition.* Tokyo: Eihosha.

Hirakawa, M. (1995). L2 acquisition of English unaccusative constructions. In D. MacLaughlin & S. McEwen (Eds.), *Proceedings of the 19th Boston University conference on language development* (pp. 291-302). Sommerville: MA, Cascadilla Press.

池内正幸 (2002).「言語知識とは何か」大津由紀雄他編『言語研究入門―生成文法を学ぶ人のために』pp.16-29. 東京:研究社

今井隆夫 (2012).「No more than 類の意味を perspective の違いから考える―認知言語学を参照した英語学習支援の観点から」『瀬木学園紀要』第6号, pp.37-46.

Jin, H. (1994). Topic-prominence and subject-prominence in L2 acquisition: evidence of English-to-Chinese typology transfer. *Language Learning, 44*, 101-122.

影山太郎 (1996).『動詞意味論』東京:くろしお出版

影山太郎(編)(2001).『日英対照 動詞の意味と構文』東京:大修館書店

加藤鉱三・奉鉉京 (2011).「カラにならない from, from にならないカラ」日本英文学会中部支部第63回大会口頭発表ハンドアウト

近藤隆子・白畑知彦 (2015).「自動詞・他動詞構造の混同軽減のための明示的指導に関する一考察―明示的指導の提示方法に焦点を当てて」『中部地区英語教育学会紀要』第44号, pp.57-64.

Kondo, T. & Shirahata, T. (2015). The effect of explicit instruction on transitive and intransitive verb structures in L2 English classrooms. *ARELE (Annual Review of English Language Education), 26*, 93-108.

Kuno, S. (1973). *The structure of the Japanese language*. Cambridge, MA: The MIT Press.

久野暲 (1983).『新日本文法研究』東京:大修館書店

久野暲・高見健一 (2009).『謎解きの英文法 単数か複数か』東京:くろしお出版

Kuribara, C. (2004). Misanalysis of subjects in Japanese-English interlanguage. *Second Language, 3*, 69-95.

栗原和生 (2015).「英語教育における母語の知識の活用と文法指導」長谷川信子(編著)『日本の英語教育の今,そして,これから』pp.30-52. 東京:開拓社

Li, C. N. & Thompson, S. A. (1976). Subject and topic: A new typology of language. In C. N. Li (Ed.), *Subject and topic*. (pp.457-489) New York, NT: Academic Press.

Lightbown, P. M. (1983). Acquiring English L2 in Quebec classrooms. In S. Felix & H. Wode (Eds.), *Language development at the crossroads* (pp.151-175). Tübingen: Gunter Narr.

Lyster, R. & Ranta, L. (1997). Corrective feedback and learner uptake: negotiation of form in communicative classrooms. *Studies in Second Language Acquisition, 19*, 37-66.

Lyster, R. & Mori, H. (2006). Interactional feedback and instructional counterbalance. *Studies in Second Language Acquisition, 28*, 269-300.

松村昌紀 (2009).『英語教育を知る58の鍵』東京：大修館書店

松村昌紀 (2012).『タスクを活用した英語授業のデザイン』東京：大修館書店

三原健一 (1994).『日本語の統語構造―生成文法理論とその応用』東京：松柏社

三原健一・平岩健 (2006).『新日本語の統語構造』東京：松柏社

宮川幸久・林龍次郎（編）(2010).『要点明解 アルファ英文法』東京：研究社

Montrul, S. (2000). Transitivity alternations in L2 acquisition. *Studies in Second Language Acquisition, 22*, 229-273.

村野井仁 (2006).『第二言語習得研究から見た効果的な英語学習法・指導法』東京：大修館書店

Nawata, H. & Tsubokura, K. (2010). On the resetting of the subject parameter by Japanese learners of English: a survey of junior high school students. *Second Language, 9*, 63-82.

野田尚史 (1996).『「は」と「が」』東京：くろしお出版

Ogawa, S. (2015). *The acquisition of Wh-questions of JLEs and its application to the teaching of English in Japan.* Unpublished BA thesis. Faculty of Education, Shizuoka University.

奥津敬一郎 (1978).『「ボクハウナギダ」の文法―ダとノ』東京：くろしお出版

Oshita, H. (1997). *"The unaccusative trap": L2 acquisition of English intransitive verbs.* Unpublished doctoral dissertation, University of

Southern California, Los Angeles.
Oshita, H. (2000). What is happened may not be what appears to be happening: A corpus study of passive unaccusatives in L2 English. *Second Language Research, 16*, 293-324.
大津由紀雄 (1989).「心理言語学」『英語学大系6 英語学の関連分野』pp.183-361. 東京:大修館書店
大津由紀雄 (1999).「言語の普遍性と領域固有性」『言語の獲得と喪失』pp.1-37. 東京:岩波書店
大津由紀雄 (2002).「言語の獲得1」『言語研究入門 生成文法を学ぶ人のために』pp.179-191. 東京:研究社
Pieneman, M. (Ed.) (2005). *Cross-linguistic aspect of processability theory*. Amsterdam: John Benjamins.
Pinker, S. (1999). *Words and rules: The ingredients of language*. New York: Basic Books.
Radford, A. (1990). *Syntactic theory and the acquisition of English syntax: The nature of early child grammar of English*. Oxford: Blackwell.
Sheen, Y. (2010). Differential effects of oral and written corrective feedback in the ESL classroom. *Studies in Second Language Acquisition, 32*, 203-234.
Shibata, M. (2006). Topic marking in English composition by Japanese EFL learners. *SCRIPSIMUS, 15*, 1-26.
Shibata, M., Shirahata, T. & Taferner, R. (2013). Limited effect of focused corrective feedback on the accuracy of targeted verb morphemes in L2 writing by Japanese EFL learners. Talk at EuroSLA 2013. University of Amsterdam. August, 2013.
柴谷方良 (1985).「主語プロトタイプ論」『日本語学』vol. 4.10, pp.4-16. 東京:明治書院
Shibuya, M. & Wakabayashi, S. (2008). Why are L2 learners not always sensitive to subject-verb agreement? *Eurosla Yearbook, 8*, 235-258.
Shirahata, T. (1988). The learning order of English grammatical

morphemes by Japanese high school students. *JACET Bulletin, 19*, 83-102.

白畑知彦（2006）．『第二言語習得における束縛原理―その利用可能性』東京：くろしお出版

白畑知彦（2008）．「第二言語習得研究からの示唆」小寺茂明・吉田晴世（編著）『スペシャリストによる英語教育の理論と応用』pp.63-78. 東京：松柏社

白畑知彦（2010）．「英語の主語について明示的に教えてみる」課題別研究プロジェクト：第二言語習得研究成果の英語教育への応用（代表：横田秀樹）中部地区英語教育学会石川大会での口頭発表

白畑知彦（2012）．「第二言語習得における否定証拠の効果：主語卓越構文の習得を題材に」畠山雄二（編著）『日英語の構文研究から探る理論言語学の可能性』pp.157-168. 東京：開拓社

白畑知彦（2013）．「否定証拠を中心とした明示的英文法指導の効果検証―予備的調査」『教科開発学論集』第1号，pp.163-172. 愛知教育大学・静岡大学共同教科開発学専攻

白畑知彦（2015）．「学習者の誤りに対する明示的修正フィードバックの効果」長谷川信子（編著）『日本の英語教育の今，そして，これから』pp.92-110. 東京：開拓社

白畑知彦（編著）・若林茂則・須田孝司（2004）．『英語習得の「常識」「非常識」―第二言語習得研究からの検証』東京：大修館書店

白畑知彦・冨田祐一・村野井仁・若林茂則（2009）．『改訂版 英語教育用語辞典』東京：大修館書店

白畑知彦・若林茂則・村野井仁（2010）．『詳説 第二言語習得研究』東京：研究社

Shirahata, T., Shibata, M. & Taferner, R. (2013a). Effects of explicit instruction on the semantic role of English sentence-initial subjects: A case of Japanese EFL learners. Talk at HICE2013. Honolulu, Hawaii. January, 2013.

Shirahata, T., Shibata, M. & Taferner, R. (2013b). Persistency of morpheme acquisition sequence in contrast to metalinguistic explanations and direct written correct feedback for Japanese EFL learners. Talk at ALAK. Busan University of Foreign Studies. October, 2013.

白畑知彦・横田秀樹 (2013).「明示的文法説明の有効性と限界—物質名詞の単数形・複数形の習得を例にとって」『中部地区英語教育学会紀要』第42号, pp.1-8.

Spada, N. & Lightbown, P. M. (2002). Second language acquisition. In N. Schmitt (Ed.), *An introduction to applied linguistics*, 115-132. London: Arnold.

Storch, N. (2010). Critical feedback on written corrective feedback research. *International Journal of English Studies, 10*, 29-46.

杉山忠一 (1998).『英文法詳解』東京：Gakken

Suh, B. R. (2010). *Written feedback in second language acquisition: Exploring the roles of type of feedback, linguistic targets, awareness, and concurrent verbalization.* Unpublished doctoral dissertation. Georgetown University, Washington, D.C.

鈴木孝明・白畑知彦 (2012).『ことばの習得』東京：くろしお出版

田川憲二郎 (2015).「ピジン化の回避— be 動詞の誤用の背景から」長谷川信子 (編著)『日本の英語教育の今, そして, これから』pp.30-52. 東京：開拓社

Terauchi, M. (1991). The natural order hypothesis revisited. *Tokyo Metropolitan College of Technology Research Bulletin, 28*, 121-134.

寺内正典 (1994).「形態素の習得」小池生夫監修, SLA 研究会編『第二言語習得研究に基づく最新の英語教育』pp. 24-48. 東京：大修館書店

Towell, R., & Hawkins, R. (1994). *Approaches to second language acquisition.* Clevedon: Multilingual Matters.

Truscott, J. (1996). The case against grammar correction in L2 writing classes. *Language Learning, 46*, 327-369.

Truscott, J. (1998). Noticing in second language acquisition: A critical review. *Second Language Research, 14*, 103-135.

Truscott, J. (2001). Selecting errors for selective error correction.

Concentric: Studies in English Literature and Linguistics, 27, 93-108.
Truscott, J. (2004). Dialogue: Evidence and conjecture on the effects of correction: A response to Chandler. *Journal of Second Language Writing, 13*, 337-343.
Truscott, J. (2007). The effect of error correction on learners' ability to write accurately. *Journal of Second Language Writing, 16*, 255-272.
Truscott, J., & Hsu, A. Y. (2008). Error correction, revision, and learning. *Journal of Second Language Writing, 17*, 292-305.
梅原大輔・冨永英夫（2014）.「日本人英語学習者は主語をどうとらえているか―量的・質的研究」*JACET Kansai Journal, 16*, 103-122.
van Beuningen, C. G., de Jong, N. H., & Kuiken, F. (2012). Evidence on the effectiveness of comprehensive error correction in second language writing. *Language Learning, 62*, 1-41.
Wakabayashi, S. & Negishi, R. (2003). Asymmetry of subjects and objects in Japanese speakers' L2 English. *Second Language, 2*, 53-73.
若林茂則（編著）・白畑知彦・坂内昌徳（2006）.『第二言語習得研究入門―生成文法からのアプローチ』東京：新曜社
Wakabayashi, S., Bannai, M., Fukuda, K., & Asaoka, S. (2007). Japanese speakers' sensitivity to third person singular -s in English based on ERP data. *Second Language, 6*, 19-46.
White, L. (1991). Adverb placement in second language acquisition: some effects of positive and negative evidence in the classroom. *Second Language Research, 7*, 133-161.
White, L. (2003). *Second language acquisition and universal grammar*. Cambridge: Cambridge University Press.
安井　稔（1996）.『英文法総覧―改訂版』東京：開拓社
Yoshimura, N. & Nakayama, M. (2009a). Acquisition of two types of -s by Japanese EFL learners: The role of L1 transfer. In K. Young-Se et al. (Eds.), *Current Issues in Linguistic Interfaces 2* (pp.253-263). Seoul, Korea: Hankook Munhwasa.
Yoshimura, N. & Nakayama, M. (2009b). Nominative case marking and

verb inflection in L2 grammar: evidence from Japanese college students' compositions. In Y. Otsu (Ed.), *The proceedings of the tenth conference on psycholinguistics* (pp.359-383). Tokyo: Hituzi Syobo.

吉村紀子・中山峰治（2010）.『海外短期英語研修と第2言語習得』東京：ひつじ書房

Zobl, H. (1989). Canonical typological structures and ergativity in English L2 acquisition. In S. Gass & J. Schachter (Eds.), *Linguistic perspectives on second language acquisition* (pp.203-221). New York: Cambridge University Press.

索引

be 動詞の過剰般化　32
to 不定詞　198, 199
wh 疑問文での助動詞　191, 192
wh 疑問文での wh 語の位置　183

あ
意識的気づき　v
意識的理解　v
一般動詞の過去形　191, 196
迂言比較　99

か
外国語学習　4
学習者の習熟度　iv
可算名詞の複数形　14, 165, 196
カタカナ語　143
仮定法　198, 199
関係代名詞節　193, 195, 196
冠詞　165, 186, 187
規則変化の過去形（RP）　45
規則変化の比較表現　98
機能範疇　179, 180

局所的誤り　16, 17, 156-175
屈折比較　99
現在完了形　15, 186, 188, 198
限定詞句　27, 65
語彙習得　140-154
拘束文法形態素　45
肯定証拠　iv, 5-7
口頭導入　v
行動主義心理学　4
項の省略　28
語順（主要部の位置）　163, 183

さ
三人称単数現在形（3PS）　45, 51-57, 188, 191
刺激の貧困　8
自然な習得順序　9, 10, 12-14, 16, 45, 179
修正フィードバック　iv, 11
修正的リキャスト　18
修正フィードバック　iv
習得過程／習得順序　4, 9, 12, 13

索引

習得過程モデル　178
習得困難度順序　44
主語　24-43
主語卓越言語　27
主語と be 動詞の（人称・数の）
　一致　164, 183, 185
主語と話題の相違　41, 193
主語の非脱落　183, 186
進行形（ING）　14, 45, 164,
　183, 184
進行形や受動態の be 動詞
　188, 189
時制・相　188, 189, 193, 194
自動化　v
自動詞と他動詞の区別　38,
　58-79, 193, 199
受動態　197
受動態（be -en）　164
生成文法　4
正の転移　9, 62
接続詞　128-139, 196, 199
ゼロ限定詞　84
前置詞　116-127, 165, 186,
　187

た
タスク　20, 200
第二言語習得　4, 9-22
代名詞の格変化　163, 183
中間言語システム　178
添削指導法　155
倒語構造　26-28
動詞の下位範疇化規則　79

独立所有格　199

な
内在化　v
難易度順序　50-57, 180

は
反復練習　105, 181
被害受け身　193, 196
比較表現　98-115, 196
非対格動詞　61
否定証拠　iv, 5-7
フォーカス・オン・フォーム
　17-19
不可算名詞　80
不可算名詞の複数形　181,
　186, 187
不規則変化の過去形（IRP）
　45
不規則変化の比較表現　98,
　109-115, 188, 190
不定冠詞　191
負の転移　9, 62, 62, 75
普遍文法／UG　5, 8
物質名詞　81
分詞の形容詞的用法　193,
　195, 196
文法形態素　14, 44-57, 179,
　180
包括的誤り　16, 17, 156-175
母語からの転移　9, 13, 15,
　62, 73, 76, 116, 180
母語獲得　4

ま

明確化の要求　7, 19
名詞句　27, 66

ら

リキャスト　18, 19
類似した意味を持つ語の用法　199

連結辞　27, 32, 33

わ

和製英語　140
話題　26
話題化　28, 33
話題卓越言語　27

[著者紹介]

白畑知彦（しらはた　ともひこ）
1957年6月10日，静岡県森町生まれ。専門は言語習得，外国語（英語）教育学。早稲田大学第一文学部，青山学院大学大学院，アリゾナ大学大学院修了，博士（文学）大阪大学。現在，静岡大学教育学部教授，並びに愛知教育大学・静岡大学大学院教育学研究科（博士課程）共同教科開発学専攻教授。主な著書に『改訂版 英語教育用語辞典』（共著，大修館書店），『英語習得の「常識」「非常識」』（編著，大修館書店），『詳説 第二言語習得研究』（共著，研究社），『ことばの習得』（共著，くろしお出版），『日本の英語教育の今，そして，これから』（分担執筆，開拓社）がある。
shirahata-kyt@cy.tnc.ne.jp

英語指導における効果的な誤り訂正
――第二言語習得研究の見地から
© Tomohiko Shirahata, 2015　　　　　　　NDC375／xi, 215p／21cm

初版第1刷――2015年7月20日

著者―――――白畑知彦
発行者―――――鈴木一行
発行所―――――株式会社　大修館書店
　　　　　　　〒113-8541 東京都文京区湯島2-1-1
　　　　　　　電話03-3868-2651（販売部）　03-3868-2293（編集部）
　　　　　　　振替00190-7-40504
　　　　　　　[出版情報] http://www.taishukan.co.jp

装丁者――CCK（坂本雅志，高橋あずみ）
印刷所―――広研印刷
製本所―――牧製本

ISBN978-4-469-24594-3　　Printed in Japan
Ⓡ本書のコピー、スキャン、デジタル化等の無断複製は著作権法上での例外を除き禁じられています。本書を代行業者等の第三者に依頼してスキャンやデジタル化することは、たとえ個人や家庭内での利用であっても著作権法上認められておりません。